中州古籍出版社

孟斜阳 著

如花美眷　似水流年

与你说说
鱼玄机

才女书系

图书在版编目（CIP）数据

与你说说鱼玄机：如花美眷，似水流年 / 孟斜阳著.
—郑州：中州古籍出版社，2019.5（2023.6重印）
（才女书系）
ISBN 978-7-5348-8568-6

Ⅰ.①与… Ⅱ.①孟… Ⅲ.①鱼玄机（844～868）—传记 Ⅳ.①K825.6

中国版本图书馆CIP数据核字（2019）第062911号

选题策划: 梁瑞霞
责任编辑: 张　雯
责任校对: 王淑玲
装帧设计: 曾晶晶

出版发行　**中州古籍出版社**
　　　　　地址：郑州市郑东新区祥盛街27号6层
　　　　　邮编：450016
　　　　　电话：0371-65788693
经　　销　河南新华书店发行集团有限公司
印　　刷　河南瑞之光印刷股份有限公司
版　　次　2019年5月第1版
印　　次　2023年6月第2次印刷
开　　本　640毫米×960毫米　1/16
印　　张　13.75印张
字　　数　150千字
定　　价　39.60元

前言

鱼玄机，人称"色既倾国，思乃入神"，是一个集才气、美貌、放荡于一身的唐朝女子。

"易求无价宝，难得有心郎"，就是这个唐代才女最有名的诗句之一。这不仅是鱼玄机痛苦绝望的心声，更引起千千万万红颜女子的悲情共鸣。

然而，到底是什么样的人生经历让她产生这样的感悟？她被称为唐朝的浪荡女是真的吗？为何有人说她是女权意识开始觉醒的"唐朝波伏娃"？历史上才女很多，但是因命案被判处死刑的才女似乎只有这一位。又是什么造成了这位红颜女子命运的悲剧？

鱼玄机，就像翡翠般明丽的深湖，让你无法视而不见。她翠绿明亮，随时撩拨着你，等待你走近的脚步。

待你走近了，却会发现她倏忽之间又变化了，变得幽深诡谲，变得深不可测。

鱼玄机到底是怎样一个女子？让我们把目光投向一千多年前的大唐时代。

一

泱泱大唐，诗风兴盛，能诗者遍及朝野内外：帝王将相、文人墨客诗情横溢；垂髫老人、三尺童子耻不知书；就连妃嫔贵妇、闺阁英秀、尼姑女冠、倡优婢女也锦心绣口，熏染了重文习诗之风。

唐朝不仅是诗歌的黄金时代，也是一个女性的黄金时代。她们的青春与激情、她们的美丽与才华，在唐朝那个特殊时代常常爆发出耀眼的光华，在历史记忆中留下遥远的回响。其中三大女冠诗人鱼玄机、李冶、薛涛更是独树一帜。又以鱼玄机的一生最为传奇，"色既倾国，思乃入神"，被明代文人钟惺誉为"才媛中之诗圣"。

鱼玄机，女，晚唐诗人，长安（今陕西西安）人。初名鱼幼微，一字蕙兰。约出生于唐武宗会昌四年（844），卒于懿宗咸通九年（868）。元代辛文房所著《唐才子传》称：鱼玄机"性聪慧，好读书，尤工韵调，情致繁缛"。她是我国文学史上有名的女冠诗人，与李冶、薛涛、刘采春并称唐代四大女诗人。明代文学家钟惺在《名媛诗归》中这么评价鱼玄机的作品："绝句如此奥思，非真正有才情人，未能刻画得出，即刻画得出，而音响不能爽亮……此其道在浅深隐显之间，尤须带有秀气耳。"施蛰存评其诗"功力在薛涛之上，与李冶不相上下"。

鱼玄机有《鱼玄机集》一卷。其事迹见之于《三水小牍》《北梦琐言》《唐才子传》等书。鱼玄机诗作现存五十首，收于《全唐诗》。由曹寅、彭定求奉旨编制、成书于康熙年间的《全唐诗》收录唐五代诗四万八千九百多首，作者两千二百余人，共计九百卷。其中收录的女诗人虽有百余人，但绝大多数人的作品仅为一两首，甚是残章断篇，单独成卷的只有三位，鱼玄机便名列其中。不仅如此，元代辛文房的《唐才子传》中亦为鱼玄机作传，可知其才华熠熠。

由于相关史料少，鱼玄机的身世便更显扑朔迷离。除了上文提到的史料，还有与鱼玄机多有诗文交往的温庭筠等人的作品也具有一定的史料价值。本书即根据这些有限的史料或线索加工而成，也存在个别合理演绎的成分。

二

鱼玄机的人生充满了悲剧色彩。她的一生不见于正史。根据有关历史笔记文献以及历代对鱼玄机的研究与考证，关于鱼玄机的史实有四点得到了广泛认同：

一是鱼玄机是晚唐时期著名女诗人，字幼微，约生于唐武宗会昌四年（844），约卒于唐懿宗咸通九年（868）。少女时代的鱼玄机即诗名远播，并深得温庭筠赏识和教诲，"复与温庭筠交游，有相寄篇什"。

二是鱼玄机及笄（十五岁）后被状元李亿收为外宅小妾，后因正妻不容被抛弃，"隶咸宜观女道士"。在被李亿抛弃到正式成为道士之前，鱼玄机为了追寻夫婿，曾经在陕西、河南、湖北等地漫游。

三是在咸宜观成为女道士后，鱼玄机频繁参加士大夫等组织的集会和宴请活动，成为社交界的活跃人物。如《三水小牍》中说道："咸通初，遂从冠帔于咸宜，而风月赏玩之佳句，往往播于士林。然蕙兰弱质，不能自持，复为豪侠所调，乃从游处焉。于是风流之士争修饰以求狎，或载酒诣之者，必鸣琴赋诗，间以谑浪，懵学辈自视缺然。"《唐才子传》卷八说："时京师诸宫宇女郎，皆清俊济楚，簪星曳月，惟以吟咏自遣，玄机杰出，多见酬酢云。"

四是因妒忌笞杀其婢女绿翘而被判处极刑。

这四点确凿的史实，就构成了本书写作的主线和基本框架。应该说，诗人鱼玄机是唐代女诗人中执着追逐爱情的突出者，也是一位自觉意识到自我价值的女性。在她短暂而悲凉的一生中，鱼玄机始终追求一份真挚的爱情，向往幸福的生活。

三

据《北梦琐言》云："唐女道士鱼玄机，字蕙兰，甚有才思。……为李亿补阙执箕帚。"鱼玄机及笄后，嫁为李亿的外宅妾室。

鱼玄机和李亿曾经情爱深笃。为了寻找宦游在外的夫君李亿，鱼玄机曾长途跋涉，从陕西长安到湖北江陵、鄂州，与李亿隔江而居，时常相会。后来又相伴夫君前往山西为河东节度使刘潼的幕僚，可谓是一路苦苦追随夫君。这期间，鱼玄机写下了很多诗篇，记录了她的所见所闻，表达了其对爱情的坚贞不移。

然而事不遂愿，因为李亿正妻执意不容她，鱼玄机最终不得已到长安咸宜观做了女道士。随着时间的推移，李亿逐渐将玄机遗忘，曾经的旦旦信约化为乌有。而玄机对李亿却一往情深，她把内心的情感转化成情真意切的诗句："忆君心似西江水，日夜东流无歇时""如松匪石盟长在，比翼连襟会肯迟"……

哪怕身处道观，她的内心终难清净。"人世悲欢一梦，如何得作双成。"人的情感是与生俱来的东西，它既根源于人性的本能，又凌驾于人的本能之上。成为人性中美丽崇高的精神内核，成为人生得以附丽、追求之所在。这种感情上的执着和真挚正体现了鱼玄机女性自我意识的觉醒、对美与真的追求。

然而，在一个以男性为中心、以儒家伦理学说为尺度为标准的世界，像鱼玄机这样的女诗人，常常处于一种难以与他人对话的孤立状态。"自恨罗衣掩诗句，举头空羡榜中名。"这是她看到及第举人金榜题名时的感叹。一个女人哪怕再有才华，也与科举无缘。在那样一个讲究女德的社会里，也没有多少女子会将作诗为文当作追求的目标。可见，鱼玄机的自我期许一开始就与众不同。

当她把爱情当作生命的支撑时，爱的玫瑰却在冷风中飘零成尘，她的一生好似无处可栖的云朵孤独漂泊。"易求无价宝，难得有心郎"，"门前红叶地，不扫待知音"，这些诗句表达了她渴望真正爱情的心声。然而，无人认识她的价值，无人珍爱她的情感与生命。鱼玄机的精神世界就是一个生与苦、情与愁、探索与超越交织的、充满忧患的世界。

正是在这样长期压抑的悲苦心境下，鱼玄机开始了一个女人的绝地抗争——"自能窥宋玉，何必恨王昌"。她以女道士的身份艳帜高张，打出了"鱼玄机诗文候教"的旗幡，与长安城里的文人墨客们诗文酬唱，也与达官贵人、富贾士绅广泛交往。同时，她也不再视清规戒律为圣物，而是选择了自我放逐，追求身心的自由。这期间，先后有李近仁、左名场等人和她密切交往。在她这一时期留下的诗篇中，多有"多情公子春留句，少思文君昼掩扉"，"焚香出户迎潘岳，不羡牵牛织女家"，"西看已有登垣意，远望能无化石心"等这样的诗句，调子也开始显得轻松明朗，甚至缠绵悱恻。

然而，一个偶然的突发事件让她堕入万劫不复的深渊——因为怀疑侍婢绿翘与自己的一位相好有染，鱼玄机怒极之下竟失手将她打死。随后，她被京兆尹温璋以打死婢女之罪处死。

"安能追逐人间事，万里身同不系舟。"从天真烂漫、多情多才的里家女到沉迷爱情、闲情雅趣的外宅妇，再到咸宜观里的女冠道士，最后成为一个因妒杀婢的阶下囚。红颜才女的生命传奇如一炉沉香，在人世浮华的摧折中就这样燃到了尽头。

传说，世间有种很美的彼岸花。红色彼岸花叫作曼珠沙华，寓意是无尽的爱情、死亡的前兆、地狱的召唤。白色彼岸花叫作曼陀罗华，寓意是无尽的思念、绝望的爱情、天堂的来信。它们的美是一种妖异、灾难、死亡与分离的不祥之美，是无与伦比的残艳与酷烈的唯美，也很凄凉。

据说它是一种不曾受到祝福的花。正如某些感情不受祝福一样，尽管也很美。

有人说，一千年前的鱼玄机就是这样的彼岸花，开得火红一片，带着致命的诱惑引向死亡。她却倔强不入轮回，只是冷眼看这世间。

四

一千多年来，鱼玄机并不缺乏同情者。

一位同样主张女性权利的当代女诗人翟永明，从鱼玄机的诗篇和悲剧命运中看见了女性意识萌发的光亮，找到了千年前的思想知音，激起了内心的深深共鸣。她为鱼玄机一口气写了五首诗。其中一首《鱼玄机的墓志铭》这样写道：

这里躺着诗人鱼玄机

她生卒皆不逢时

早生早死八百年

写诗　作画　多情

她没有赢得风流薄幸名

却吃了冤枉官司

别人的墓前长满松柏

她的坟上　至今开红花

美女身份遮住了她的才华盖世

望着那些高高在上的圣贤名师

她永不服气

　　甚至，后世还有一首流行歌曲《鱼玄机》，由帅小天作词、巫滟滟演唱：

海棠春睡　梅妆惹落花

悠悠一抹斜阳　吹尺八

榻上青丝　泪染了白发

秋心入画

旧日的传奇都作了假

舍得骂名　却舍不得他

缘来冥冥之中　放不下

玄机如卦

红尘一刹那　这一世的繁华

不过由春到夏

由真变作了假　造化终虚化

人间岂能安得　双全法

也许此去经年忘了也罢

只不过是一句了无牵挂

咸宜观诗文候教的风雅

为谁作答

似梦非梦恰似水月镜花

长安不见长把相思念啊

为何我又偏偏遇上了他

咫尺天涯

……

似梦非梦恰似水月镜花

长安不见长把相思念啊

为何我又偏偏遇上了他

枉自嗟叹呀

也许冥冥中洗净了铅华

我又是那一块美玉无瑕

易求善价难　得有情啊

如此说法

其实玄机不过这句话　懂吗

爱有玄机，梦有玄机，命有玄机。她的一生就充满无数这样的玄机，让后来人为之沉醉如痴。

目录

第一章 "里家女":初遇温庭筠

长安城,平康里 / 003

初相知,"温钟馗" / 008

美少女,鱼幼微 / 013

秋风凉,瑶琴怨 / 018

第二章 外宅妇:嫁给状元郎

公子情,佳人意 / 027

佳期短,欢情薄 / 037

第三章 远行人:千里寻夫婿

楚江暮,失群飞 / 043

诉不尽,相思意 / 047

闺中友，同唱和 / 053

汾川雨，晋水春 / 064

第四章　女道士：入道咸宜观

君心似，东流水 / 069

伴青灯，和泪吟 / 076

千帆尽，水悠悠 / 085

第五章　交际花：才女醉风情

慕鸳鸯，端公情 / 093

遇豪侠，得青睐 / 100

咸宜观，醉风情 / 107

窥宋玉，叹无缘 / 118

闻喜鹊，迎潘岳 / 124

第六章　阶下囚：惊魂彼岸花

红叶地，待知音 / 131

萧墙祸，艳魂销 / 137

红颜逝，叹命薄 / 149

女性诗，千秋论 / 154

万花筒，照大千 / 158

附　录

关于鱼玄机的史实资料 / 169

《全唐诗》所收鱼玄机诗作 / 172

现代人对鱼玄机的感悟 / 185

参考文献

商山早行　温庭筠

晨起动征铎，客行悲故乡。

鸡声茅店月，人迹板桥霜。

槲叶落山路，枳花明驿墙。

因思杜陵梦，凫雁满回塘。

第一章
『里家女』：初遇温庭筠

那个时候，她还不叫鱼玄机，而叫鱼幼微，是长安城中一个天真烂漫、早慧聪颖的"里家女"。所谓"里家女"，就是坊里人家的女儿。

长安城，平康里

由于年代久远，史料缺乏，今天我们认识鱼玄机常常如雾里看花，总会遇到一个又一个谜团。鱼玄机的姓名、出生年代、家世等问题都可能出现记载不一、无从判断的情况。

关于鱼玄机的姓名，就是我们遇到的第一个问题，文献记载有些不同。晚唐皇甫枚《三水小牍》中说鱼玄机字"幼微"，宋孙光宪《北梦琐言》说鱼玄机字"蕙兰"。后人不知谁是谁非，不能取舍。然而古人名与字都有某种程度上的关联，"玄机"意为深奥玄妙，"幼微"意同幽深微妙，即二者有意义上的联系，故皇甫枚的说法较为可信。

不过，有人认为"玄机"更可能是其入道后所取的法号，因此在出家前以"幼微"为名，以"蕙兰"为字更为合理，"幼微"与表字"蕙兰"形成某种意义上的互文。今天看来，这是一个天真、温暖、美丽又有点萌萌的名字。

鱼幼微，字蕙兰，长安（今陕西西安）人。鱼姓是商汤的后裔，始祖是宋桓公的庶长子公子目夷，字子鱼。子鱼的后世子孙有一支以先祖的字为姓，是为鱼姓。唐代鱼姓的名人有鱼朝恩等。

而鱼玄机的生平就像她的名字一样充满了玄机和秘密，在新旧《唐书》中没有关于她的记载。关于她的出生年代，大多数人认为约为唐武宗会昌四年（844）。

关于她的身世，有说她生于长安城郊一位落拓士人之家，也有记载说她出身于娼门之家。唐人皇甫枚《三水小牍》载："西京咸宜观女道士鱼玄机，字幼微，长安里家女也。""里"乃唐代长安城的居住单元。有"五家为邻，五邻为里"的说法。"里家女"自然是指住在里坊的居民家的女儿。长安城有平康里，位于长安城北，也称"北里"，是鱼玄机早年的住处。但在《三水小牍》十九世纪重印的版本里，"长安里家女"就被改印成了"长安娼家女"。显然，这是后人想当然的一处改动，或是因为对鱼玄机的偏见使然。从鱼玄机诗作和个性气质来看，似乎出身于家道中落的士子之家更合情理。

正是基于这些，我们大致可以勾画出鱼玄机早年生活的一些轨迹。

鱼幼微生于唐武宗会昌四年（844）。她生活的年代正是晚唐时代，帝国早已是江河日下，危机四伏。然而，长安依旧繁华，诗意十足。那个时候，晚唐诗坛依然矗立着杜牧、刘禹锡、李商隐等一些非凡的人物。

据说，鱼幼微父亲早年饱读诗书，却一生功名未成，便把心思都放在对宝贝女儿的栽培上：培养她读书写字，吟诗作赋。小幼微五岁便能背诵数百首诗词，七岁开始学习作诗。

鱼幼微小小年纪便展露了不凡的文学天赋，她的一些清新隽永的诗作常常引起人们的赞叹和传抄。到了十一二岁的时候，她的诗名便在长安的文人间传开，她被人们称为"诗童"。

在人们眼里，这鱼幼微不仅粉妆玉琢，聪明伶俐，很招人喜欢。而且文思灵动，妙句迭出，让人们都不禁赞叹她真是才貌双全。很快，这个天才少女便成为父亲的骄傲，时常被父亲牵着去拜访一些名家大佬，希望得到指教和评点。

正如张爱玲所说的"出名要趁早"，世人的赞美，父亲的宠溺，难得的天赋，让鱼幼微展现出与那些千金小姐不同的气质。正所谓"天生丽质难自弃"，她内心的骄傲虽不外露，却渐渐化作她自信好强的个性。

然而不久，鱼幼微就猝不及防地遭受了人生的第一次打击。累试不第、郁郁不得志的父亲竟然一病不起。鱼幼微和母亲天天为卧病在床的父亲端茶送水，煎药熬粥。后来父亲病势日渐沉重，竟撒手而去。

当父亲咽气的那一刻，鱼幼微感到了一种天崩地裂般的绝望。父亲的去世让她顿失依靠。是的，失去了从小爱她、宠她，教她读书识字、吟诗作赋的父亲，年幼的鱼幼微感到人生的天空坍塌了一角，久久沉浸在悲痛中。

然而，生活还要继续。鱼幼微和母亲相依为命，住在长安城的繁华红尘平康里。

《北里志》有云："平康，入北门，东回三曲，即诸妓所居。"

平康里位于长安城北，是当时长安城秦楼楚馆聚集的地方。朱门金漆、画栋雕梁，空气中仿佛都久久飘浮着脂粉香气。只有长街深处鱼家这一处院落穷酸破落，显得格格不入。鱼家母女在这里靠着给附近青楼做些针线和浆洗的活儿来勉强维持生活。

鱼幼微与那些能歌善舞甚至能咏诗吟赋的歌女们也时常往来，听到了很多流传在长安城里的传说。那个时候，少女鱼幼微常常站在院门外，黄昏里望着平康里街上民居家油灯和蜡烛的光透过窗纸，星星点点，朦胧昏黄。只是这平康里透着几抹绯红色。

夜幕下的长安城看起来高大恢宏，远方高耸的灰白色城墙，还有那金碧辉煌的禁城皇都，那些满城飞舞的柳絮，渐渐都显得模糊不清，遥不可及。

对鱼幼微来说，长安城是如此宏大，十二条大街纵横南北东西。她记得大诗人白居易有诗说："百千家似围棋局，十二街如种菜畦。"长安一百一十坊，坊与坊之间有围墙分隔，各设几道坊门，夜深关闭。鱼玄机生于平康里陋巷之中，自小在深巷中嬉戏奔跑，对这里的各式街巷谙熟于心。

这天，她在平康里街边漫步，看到一位卖花老人手握几束已快凋残的牡丹花。据老人说，这花不是一般的凡品，而是贡品花。因价钱太高，一般人不愿买。可是贱价卖又要亏钱，所以只好任它凋残了。鱼幼微听了老人的话十分好奇，歪头仔细看着这些牡丹，不觉心生欢喜。老人见她喜欢，就摘下一朵送给了她。鱼幼微高兴地道了声谢，接过那朵牡丹花，仔细地将它戴在头上，然后快活地跑开了。

鱼幼微回到屋里，取下头上的牡丹花，默默看了许久。这牡丹花本应是高品贵种，却流落这平康里的街头，渐次凋零，多么像心比天高却身居陋巷的自己。一种同病相怜的感受瞬间点燃了这个长安少女的灵感与激情，从灵魂到肌肤。

她取出纸笔来，略一思索，写成一首七律《卖残牡丹》：

> 临风兴叹落花频，芳意潜消又一春。
> 应为价高人不问，却缘香甚蝶难亲。
> 红英只称生宫里，翠叶那堪染路尘。
> 及至移根上林苑，王孙方恨买无因。

诗中说，她看见花在风中凋残，让人不禁临风兴叹：又一个春光明媚的花季要结束了，这花原本是生在禁宫里的非凡之品，却不幸因价钱太高无人问津。于是这样娇美贵重的花卉就只能跟着自己流落到这长安的偏街陋巷。真是可叹可怜！如果它能生长在上林苑里，那些公子王孙们恐怕都难得一见。

牡丹在中国一直被誉为花之皇后，是花中的尊贵者。在唐代，长安和洛阳的人们格外喜爱牡丹。暮春时节，牡丹到处开放，到处被售卖。诗中处处写牡丹花的美丽、芳香，写它的红英与翠叶，写出一种高尚品性，一种高贵格调；处处又似乎在写人，写一种女性的精神气质。诗中称这牡丹"只称生宫里"和"那堪染路尘"，分明是以花喻人，表达了鱼幼微对自我的期许，对未来的憧憬。

因此，说这首诗表达了她内心深处的一种自恋自重情结也不为过。真可谓是"天生丽质难自弃"。

尽管家道落拓贫困，甚至如今落到家徒四壁的地步，她仍然坚持读书和写诗。那些父亲留下来的书籍是她最心爱的宝贝。那些《楚辞》《诗经》，那些乐府和辞赋，给她的精神世界最美妙的滋养和最温情的呵护，也维系着她内心深处最后一份自尊和高贵。

是的，尽管贫困、粗俗的底层生活环境包围着这个小姑娘，她的才华却没有被这清贫困苦所磨灭，她依旧孤傲清高，光彩夺目。鱼幼微一时名满长安，甚至招来了很多慕名的来访者。

其中最为被人们称道的，便是名动京城的大才子温庭筠。

初相知，"温钟馗"

自打平康里有了青楼，也就有了才子文人、富家公子。他们来到平康里，成为平康里不可或缺的一部分。

晚唐时代，书法、绘画、音乐、戏曲、传奇小说、街头表演、服饰时尚、章台歌舞，连同建筑艺术、器物制作、体育活动、节庆游戏等都颇为可观。而从舞榭青楼间飘出的花间词越发引起人们的喜欢和关注。花间派词人温庭筠、韦庄等亦成为引领时尚的人物。

而温庭筠诗词造诣深湛，堪称"花间词派"的祖师爷，是花间词的类型风格和词体的奠基者，影响整个词史上的主流词风。后世对温庭筠评价极高："唐代词人，自以飞卿为冠"，"自唐之词人，李白为首……而温庭筠最高"，"飞卿酝酿最深，故其言不怒不慑。备刚柔之气，针缕之密"，"温词极流丽，宜为《花间集》之冠"。

温庭筠笔下那些美丽的文字，一时风靡长安、洛阳这些繁华都市的歌楼舞馆，带给晚唐那些青春儿女一缕缕温馨的梦想。温庭筠的词集也成为很多深闺女子的枕畔常备之书。

不得不说，温庭筠是描画女性之美的天才词人。

在他的笔下，唐朝女子总是那么华丽高贵、气质雍容，是那样明艳照人，令人心旌摇荡：额点蕊黄，眉画远山，珠翠明珰，轻纱绮罗，水晶帘中闲卧，鸳鸯锦里梦回……温庭筠用绮丽繁密的笔调描写她们，描写她们的容貌、她们的体态、她们的心理、她们的服饰、她们所居处的环境。她们的形象斑斓而又明亮，闪动着金玉与锦绣般的光华。

温庭筠的词也有对古典爱情最精致、最深切的描述。大唐女人的爱情在他的笔下被描绘得淋漓尽致，悠远深长。有深沉绵长的思念："梧桐树，三更雨，不道离情正苦。一叶叶，一声声，空阶滴到明"；有直白大胆的倾诉："偷眼暗形相，不如从嫁与，作鸳鸯"；有春宵一刻的风情："欹枕覆鸳衾，隔帘莺百啭，感君心"……这些唐朝女子是一群憧憬爱情而又被爱情折磨的人，相思断肠、念远盼归是她们生活中最重要的内容。这些由温庭筠创造的美丽而哀怨的形象，成为整个晚唐的典型、鲜明的艺术形象，震撼着无数读者的心灵。

随着那些弦歌之声，那些花间才子们的大名也不时飘入鱼玄机的耳畔。那些浓艳美丽的词，在少女鱼幼微心目中成为一个温情脉脉的美丽神话，一座神秘而美妙的古典爱情花园。读过温庭筠那些美丽玲珑的文字，这个青春少女的内心充满了对这个风流才子的仰慕与神往。

从极为有限的历史资料来看，在鱼玄机的诗集中有不少是写给温庭筠的，有的诗题就是《寄飞卿》之类。显然他们关系十分熟络，甚至比较亲密。在鱼玄机所交往的朋友中，温庭筠又是名气最大、对后世最有影响的人物。这也就是为什么在今天关于鱼玄机的文学影视作品中，常常少不了温庭筠这一重要角色。

鱼幼微和温庭筠最初是如何开始交往的，我们无法准确判断。但是，温庭筠科举落第后常常混迹青楼，而鱼幼微的家就在青楼林立的平康里。鱼幼微少时即有诗名在外，完全可能和温庭筠在平康里相遇相知。

最初，鱼幼微知道温庭筠这个名字，也许是从歌楼舞馆的那些女孩子口中听来的。今天我们可以想象当时的画面：那些平康里青楼的歌女们，常常被宰相令狐绹的儿子令狐縞、裴度的儿子裴諴等一些纨绔子弟招去旗亭劝酒。而在那一批人中，常常会有个放浪不羁、才气出众的人。在那些歌女们眼里，这个人其貌不扬，整日衣衫不整。那些同来同往的贵公子们都不称他的名字，直叫他"温钟馗"！这些家世不凡的贵公子们大都是轻裘肥马，清狂傲慢，但这"温钟馗"在他们面前却毫无卑下、恭维之举。到酒酣耳热时，那"温钟馗"却老大瞧不起那些个贵公子，发起酒疯常常狂呼怒骂。而贵公子们似乎都知道他脾性，不以为意。

有时，"温钟馗"兴致极高，叫来歌女用琴笛伴奏，自己高歌一曲，唱词新鲜雅致，而且一板三眼，非常合拍。歌女们见这个满脸络腮胡、外号"钟馗"的人颇是不俗，于是一个接一个围在温钟馗的身边，听他歌唱，和他亲近。有时温钟馗借了她们的琴和笛子，亲自弹上一曲，或者吹奏一段，吹弹技法十分精熟，竟也不是她们所能及的。

歌女们惊叹之余，心生敬佩，也许常常在鱼幼微面前讲到这个温钟馗的奇人奇事。鱼幼微逐渐得知：那个温钟馗就是当世才子温庭筠，本名岐，字飞卿，太原（今山西太原西南）人，排行十六。据说是唐初宰相温彦博之后，也算是出身名门了。因他面貌奇丑，人们又叫他"温钟馗"。幼时随家里客居江淮，后定居于鄠县（今陕西户县）郊野，靠近杜陵，所以他自称为"杜陵游客"。

与令狐绹、裴诚等贵胄子弟相熟后，温庭筠的交游范围扩散到内廷，竟然与庄恪太子混在一起。庄恪太子是唐文宗的长子，生母是德妃。太子生母王德妃姿貌不过中人，唐文宗不喜，故而素来失宠。深受宠爱的杨贤妃很妒忌王德妃生了太子，朝夕进谗言，对唐文宗言太子短处。久而久之，唐文宗有了废太子的念头，但由于群臣的压力，唐文宗不便决议。不过常常紧随在庄恪太子身边的数十人却倒霉了，或被杀掉或被驱逐。温庭筠幸好属于被逐的那几个人，而免去杀身之祸。

要是细细算来，这个温庭筠可是响当当的晚唐大才子。他从小就"敏悟，天才雄赡，能走笔成万言，善鼓琴吹笛"，自称"有弦即弹，有孔即吹"。乡试过后，去江淮散荡，流连酒肆，以写艳曲出名。《北梦琐言》说温庭筠"才思艳丽，工于小赋，每入试，押官韵作赋，凡八叉手而八韵成"。"八叉手而八韵成"，是什么意思呢？在考场里应试，他只要把两手张开，在胸前交叉八次这么短的功夫，一首八韵诗就大功告成。所以人家就送他一个外号叫"温八韵"，又称他"温八叉"。

据说他学识颇为深厚，擅长诗词对联。有一次唐宣宗赋诗，上句有"金步摇"，温庭筠很快就以"玉条脱"对之；再出"白头翁"，温庭筠就来对个"苍耳子"。这对仗也极工稳，引来人们一片赞叹之声。唐宣宗顿时龙颜大悦，当即下旨予以赏赐。

温庭筠与李商隐齐名，并称"温李"，他们的诗是晚唐主流诗风的代表。温诗的特点是"清婉精丽"，他的《商山早行》很有名气：

> 晨起动征铎，客行悲故乡。
>
> 鸡声茅店月，人迹板桥霜。
>
> 槲叶落山路，枳花明驿墙。
>
> 因思杜陵梦，凫雁满回塘。

其中一句"鸡声茅店月，人迹板桥霜"，成为不朽的名句。相传，宋代大儒欧阳修读到这一联，钦佩不已。欧阳修曾自作"鸟声茅店雨，野色板桥春"，但写出来之后才知道，这意境无论如何也达不到温诗的境界。

然而，这位胸藏锦绣、才情卓异的温庭筠却生性倨傲，行为不检，且不尚时俗，以致屡试不第。最终他绝了登第之念，走进长安城平康里的玉馆青楼，开始了"逐弦吹之音，为侧艳之词"的风流浪子生涯。

《旧唐书·温庭筠传》中云温庭筠"士行尘杂，不修边幅，能逐弦吹之音，为侧艳之词"。说他懂音乐，熟悉管弦吹奏，专门写一些不正经的香艳的词，这些词不过是淫词艳曲而已。他是个浪子，多次参加考试，就是不中，一生都没有考取进士。他还经常写文章讽刺时政，所以屡受排挤，仕途蹭蹬，一直不甚得意。直到晚年才做过几天隋县尉、方城尉、国子助教一类的小官吏。温庭筠一生不得意，以诗词消遣。他不受羁束，纵酒放浪，一生坎坷，终身潦倒。《唐才子传》云"竟流落而死"，最终郁闷而死，晚景十分凄凉。

当然，这些已是后话。

每当那些歌女们从令狐家的宴会散席回来，鱼幼微总要问起那位温庭筠。而歌女们每次和温庭筠见面时，也总要在他面前提起长安城有名的"诗童"鱼幼微。时间长了，温庭筠也知道了鱼幼微的情况。才高而清狂的温庭筠也对那个工诗又聪颖的美少女产生了好奇心。

鱼幼微与这位晚唐才子的相遇，正是在他经常出入长安平康里青楼歌馆的那段日子。

美少女，鱼幼微

后世的人们常常将温庭筠与鱼玄机联系在一起，其实并非没有道理。鱼玄机诗集中的多首诗都是写给温庭筠的，诗题中往往就提到是寄给"飞卿"。她居然直接称呼这位前辈的字，显得亲密而随意。这本身就是一件耐人寻味的事。所以，我们不妨沿着这样的思路想象一下他们初次相见的场景：

那是一个杨柳吐翠的春季，整个长安城显得温婉可人。平康里的桃花纷纷飘落，一个貌似钟馗的男人向这里走来。

在一排青石长巷中的破旧小院落里，他从半掩的窗一眼瞧见了摆放齐整的笔墨纸砚。不用说，这里就是传说中那位"诗童"鱼幼微的家。

自父亲亡故以后，母亲身子一直病弱，鱼幼微便早早操持起家务。就在低矮阴暗的鱼家院落中，一株紫薇树立于窗下，花瓣儿正渐渐凋谢。

那中年男子来到鱼幼微家中。这时，鱼幼微还不满十三岁，但生得活泼灵秀，肌肤白嫩。那男子不由一愣："难道你竟是人称'诗童'的鱼幼微？"

鱼幼微歪着脑袋笑问："莫非你就是'温钟馗'？"

"嗯，我就是温庭筠，人们又叫我'温八叉'。"他仰身做了个叉手的滑稽动作，呵呵一笑。午后的阳光斑驳地落在他的肩头，让他的笑容温暖而富有感染力。

女孩咯咯笑着，她觉得这个人有趣极了。两个互相好奇的人终于见面了。

温庭筠可怜这女孩儿委身在穷街陋巷，周遭又是这等灯红酒绿、龙蛇混杂。她宛如一块璞玉尚未雕琢便陷落泥淖，真是令人叹息。温庭筠略一沉吟，委婉地说明了自己的来意，并请小幼微即兴赋诗一首，想试探一下她的才情。

鱼幼微看着眼前这个面似钟馗的男人，一双水光盈盈的大眼睛泛着感动：他竟是专门来寻她的，而且他就是自己仰慕已久的温庭筠。这让小小的鱼幼微心底感到一丝快乐和激动！

让温庭筠想不到的是，这小幼微在陌生人面前显得落落大方，请客人入座后站在一旁，扑闪着大眼睛请客人出题。温庭筠想起来时路上，正遇柳絮飞舞、拂人面颊之景，于是便以"江边柳"为题。

在唐时的人们眼里，柳树是一种属于春天的生命。当二月春风悄悄地掠过尚未苏醒的川原，那些婀娜柔细、长条披拂的柳树好像长发披肩的青春美少女，风姿绰约地站在晴朗的天空下，摇曳多姿、妩媚多情，就如同一群轻歌曼舞的女子站在江边！

鱼幼微以手托腮，略作沉思，便赋诗一首《赋得江边柳》，双手捧给温庭筠评阅：

> 翠色连荒岸，烟姿入远楼。
>
> 影铺秋水面，花落钓人头。
>
> 根老藏鱼窟，枝低系客舟。
>
> 萧萧风雨夜，惊梦复添愁。

多么优美的景象：翠绿的柳树在荒岸边绵延，透过如烟柳丝隐约能看见远方的高楼。岸边柳树的倒影铺在水面，随波荡漾，飞扬的柳絮飘落在垂钓人的头上。柳树的根深深藏在水底，成了鱼的栖息处，低垂的柳枝系住了客子之舟。风雨潇潇的夜晚，从梦中惊醒又增添几许忧愁。

这首诗足见小女孩遣词造句的基本功颇不俗。"翠色连荒岸，烟姿入远楼"起得不俗，眼界开阔旷远，以"烟姿"形容柳枝飘拂摇曳的姿态，堪称美妙。"影铺秋水面，花落钓人头"则对仗工整，灵秀精巧，画面感颇强。

温庭筠连声称赞鱼幼微的才思灵秀。不过，接下来他眉头微蹙。"根老藏鱼窟，枝低系客舟"转得略感突兀，意境陡然一变。老树可作鱼儿栖息之窟，柳枝能系住客舟，但那是暂时的，客舟终要远行。这些诗句隐隐地透出了这个小妮子未来的命运：这蒲柳也许意味着她难免以色事人。而末句"萧萧风雨夜，惊梦复添愁"则颇有些不祥之感。风雨之夜，江边的柳枝引起人心头的离愁，迷茫中找不到人生归宿，无枝可栖。小小年纪，何出此言？他心头不免一惊。这无疑是个可怕的信号，难道预示了鱼幼微的人生或许更多是场悲剧？

这倒不是多虑。在唐代素有"诗谶"之说。如唐代另两位才女李冶和薛涛，她们都以诗著名。李冶五六岁时，在庭院里作诗咏蔷薇："经时未架却，心绪乱纵横。"她父亲生气地说："此必为失行妇也！"后竟如其言。薛涛的故事更有名，她八九岁就知声律，其父指着井里梧桐咏诗："庭除一古桐，耸干入云中。"小薛涛应声道："枝迎南北鸟，叶送往来风。"也让她父亲黯然了许久。这两个女人最终都成了形态不同的风尘女子。早年的诗果然都成为她们命运终局的谶语。

其实，温庭筠自己就是早慧的天才诗人，八岁时就有"神童"之誉。少年时期便已天才雄赡，词气英发，能在很短时间内写成洋洋数万言的文章。如今看到这小小幼微诗才出众，也许当下便起了怜才惜才之心。像鱼幼微这样天生丽质、冰雪聪明的女孩儿，应当生活在雕栏玉砌、珠帘绣户的红楼香阁里；应该有快乐的童年，对未来有美好的憧憬和向往。他知道自己无法彻底拯救这个才华出众的女孩儿，但起码要让她看到一丝光明，升起对生活的希望，要让她的心灵在优美典雅的文字修行中向上升华，不致就此在贫困和粗俗的物质世界中沉沦乃至毁灭。

一度潦倒的温庭筠深受贫贱之苦。他深知贫贱其实是条阴险的毒蛇，能够吞噬任何高尚美好的心灵，催毁优雅的生活态度。每次到鱼幼微家里来，他总不忘给鱼幼微送来几本不易购得的书籍，留下一些银两让娘儿俩买些粮米。在看过幼微的诗作后还要评点几句，点拨一二。有时还带着小幼微去拜访一些当世的名流学者，请他们点评一下她的诗作。

鱼幼微的诗名，仍然像星光一样在晚唐诗坛的天空莹莹闪烁。

其实，那时的鱼幼微并不知道，将来还会有一个叫作皇甫枚的男人会不吝笔墨地赞美她"色既倾国，思乃入神"。试问，世上还有比这八个字更能绝妙地赞美一个秀外慧中的女人吗？

皇甫枚，字遵美，邠州三水（今陕西旬邑北）人。后世的人们正是借助他所著《三水小牍》中的文字，才走近了大唐才女鱼玄机。皇甫枚比鱼幼微年长几岁，当时正居住在长安城的兰陵里。与鱼玄机后来出家的咸宜观所在的亲仁坊相去不远。完全可以想象，皇甫枚既目睹过她最美艳的风采，更熟读过她笔下的那些芬芳文字。

最终，鱼幼微就以这样一个貌美倾国、惊才绝艳的形象，永远留在大唐的青史上。

自找两人熟络以后，鱼幼微执意只称温庭筠的字。飞卿，飞卿，她这样叫着，他竟也依允应了。天真顽皮的少女鱼幼微经常不顾大小尊卑地捉弄他、纠缠他。他也开心地哈哈大笑，十足的性情中人。

温庭筠与鱼幼微的关系既像师生，又像父女、兄妹、朋友。那些年，他陪着她一起成长。

她知道他为人狂放不羁，一味纵酒行乐，填词凑乐，其实内心压抑了许多苦楚，不为外人所知。且因与令狐绹和李商隐等人往来密切，多年来受牛李两党争斗牵连，屡受压制。唐宣宗大中九年（855），温庭筠又去应试。这次应试是沈询主持春闱，温庭筠却由于搅扰场屋，弄得满城风雨。事件起因是温庭筠"每岁举场，多为他人假手"，即他代别人作文章，因此有"救数人"的绰号。沈询得知后，在这次考试中就将温庭筠特别对待，召温庭筠于帘前试之。温庭筠因此大闹起来，扰乱了科场，此事一时轰动京城，温庭筠自然更与功名无望。据说这次虽有沈询严防，但温庭筠还是暗中帮了八个人。

此后，温庭筠因搅扰科场被贬隋县尉，山东道节度使徐商留他为从事，署巡官，去了襄阳。少女鱼幼微闺中闻知，心情竟是无比低落与惆怅。

她独自一人跑到江边的柳树林里，望着空空江面上的斜阳晚霞、流水昏鸦，不禁惘然若失，泪眼蒙眬。在黄昏的孤寂与惆怅中，她写了一首《折杨柳》寄给了远方的温庭筠：

> 朝朝送别泣花钿，折尽春风杨柳烟。
>
> 愿得西山无树木，免教人作泪悬悬。

古人送别有折柳相送的习俗。女子送别尤易动情，往往折柳相送时会泪流满面。鱼幼微在这里却说，她宁愿这长安西边的送别山路上没有柳树，以免总让人做出含泪相送的样子来。

好在，远在他乡的温庭筠并没有忘记这个女弟子，仍然和鱼幼微诗词唱和不断，书信往来极是密切。

秋风凉，瑶琴怨

秋凉叶落时节，鱼幼微思念远方的故人，写下一首五言律诗《寄飞卿》：

> 阶砌乱蛩鸣，庭柯烟露清。
>
> 月中邻乐响，楼上远山明。

珍簟凉风著，瑶琴寄恨生。

嵇君懒书札，底物慰秋情。

这是在秋夜里的思念。一个女孩子望月弹琴，寄托思念。然而，女孩所思念的那个人却懒于书札，久无回信，让女孩子一颗素心无处安放。

温庭筠虽然对鱼幼微十分怜爱，但一直以师生或朋友相待。而情窦初开的鱼幼微，早已把一颗春心暗系在温庭筠身上。这种情感不是友谊，更不是亲情，而是对亦师亦友的温庭筠生起一种无法言说的依恋。她已经习惯了他在自己生活中的存在，他代表了生活中最精致、最美好的诗意。

这首诗写明是寄给温庭筠的，诗笔间显示出一种亲昵与随意。幼微借诗句吐露了她的寂寞相思，然后寄给了远在襄阳的温庭筠。她以嵇康比温飞卿，以山涛比自己，俨然是诗文相交的闺中密友口吻，嗔怪着温庭筠不寄信给自己，感慨在西风渐起、竹席生凉的时节，拿什么慰藉秋日的漫天愁绪。

后世有学者认为温庭筠与鱼玄机只是一般朋友关系。事实上，在这首诗里出现"珍簟凉风著，瑶琴寄恨生"的意象，说明他们应非一般意义上的朋友。"簟"即指竹席。在鱼幼微自身诗作里，"珍簟"这一作为贴身之物的卧具，只在《酬李学士寄簟》一诗中出现过："珍簟新铺翡翠楼，泓澄玉水记方流。唯应云扇情相似，同向银床恨早秋。"李学士显然指她的夫君李亿。宋代李清照的词里也多次写到簟席，但词作内容均是思念远方的夫君。此外，她"寄恨"于"琴"也应有所寓意，琴声当然需要知音赏，其中意味再明白不过了。所以，在鱼幼微的诗歌语境里，温庭筠应是不同一般的朋友。

而温庭筠收到了幼微的诗，知道她在怨嗔自己没有回信。他会怎么想呢？历史上没有任何史料告诉我们，甚至在《温庭筠集》里也找不到关于鱼玄机的任何字句。这是有意的回避，还是无心的疏漏，我们不得而知。然而在温庭筠流传下来的诗集中，我们看到了一首诗《早秋山居》：

> 山近觉寒早，草堂霜气晴。
> 树凋窗有日，池满水无声。
> 果落见猿过，叶干闻鹿行。
> 素琴机虑静，空伴夜泉清。

因为住处紧靠大山，就觉得寒气来得特别早，晴空下的草堂笼罩着一片薄薄的霜气。窗边秋阳和照，落叶飘零的秋树在浅浅阳光里肃立，池塘涨满了水却静谧无声。树上果熟叶枯，就看见猿猴在林中一窜而过，也听得见鹿行的细碎声音。温庭筠手挥五弦，心情恬淡而平静，只有夜间潺潺清泉声相伴相和。

山居的温庭筠笔下是一派闲雅冲和的山野风光。显然，这首诗写自己过得平静而闲适，自有一种世外桃源的气息。只是最后两句更透出几分意味："素琴机虑静，空伴夜泉清。"诗中的"素琴"正好与幼微诗中的"瑶琴"形成呼应。一个是"瑶琴寄恨生"，一个是"素琴机虑静"，分明两种心境，两种态度：妾有意，郎无情。温庭筠表达了自己无物挂怀的心绪，也暗示幼微不必为情思烦恼。

转眼秋去冬来，梧桐叶落，冬夜萧索，鱼幼微又写出《冬夜寄温飞卿》的诗：

苦思搜诗灯下吟，不眠长夜怕寒衾。

满庭木叶愁风起，透幌纱窗惜月沉。

疏散未闲终遂愿，盛衰空见本来心。

幽栖莫定梧桐处，暮雀啾啾空绕林。

　　冬日长夜里，幼微因衾被寒冷难以入眠，便起身在灯下作诗苦吟。窗外庭院枯叶随风起舞，冬夜淡淡的月光透过纱窗照进屋来。人生的聚散其实难以勉强，荣辱兴衰能完全让人心现出本性。诗尾两句则说得非常明白了：院中的梧桐树上，一群暮雀在那里啾啾鸣叫，依栖不定，绕树徊惶，无枝可依。这诗中无树可栖、无林可投的暮雀，正想将自己托付给一个可靠的人。这样的意象不禁让人想起宋代苏轼的词句："拣尽寒枝不肯栖，寂寞沙洲冷。"这正是鱼幼微的深切感受。

　　温庭筠哪能不解鱼幼微的心思？那些诗句是情窦初开的少女心间绽放的第一朵莲，纯白芬芳。而温庭筠手捧这朵洁白的莲花，虽明了少女心事，却终知是可亲可近而不可亵玩。也许这位才情非凡的"丑钟馗"并没有勇气接受一位年未及笄的女孩的感情，也许作为老师，他对这小小女孩儿原本仅仅就是一种长辈对待晚辈的怜爱。也许他在美貌如仙的幼微面前略感形秽，更不忍玷染一个纯真少女的情感，毕竟他们的年岁相差太大。

　　温庭筠思前想后，没有表态。倘若他能在此刻回以哪怕一两句柔情万种的诗句，也许那层窗户纸就被戳破了。可是温庭筠不愿意给她，也不愿意给自己这个机会。温庭筠在遥远的襄阳，手执信笺，内心一次次掠过温馨或酸楚，或某种无法道清的感动和茫然。鱼幼微那双清澈的眸子，让他不忍心去伤害她半分。他将内心感情的些许波动压制了下去，以至两人间的关系一直显得细水长流、波澜不惊。

收到语意不明的口信，鱼幼微等来的始终是空空如也。秋去春来，看到的只有南来的孤雁匆匆飞过头顶。那凄然绝望的雁鸣，划过渺茫的天空，穿透了少女多情却脆弱的心房。

少女的眼睛湿了，心也变得如天空那般空空荡荡。《暮春即事》正是她的心绪体现：

> 深巷穷门少侣俦，阮郎唯有梦中留。
> 香飘罗绮谁家席，风送歌声何处楼。
> 街近鼓鼙喧晓睡，庭闲鹊语乱春愁。
> 安能追逐人间事，万里身同不系舟。

暮春时节，午后极是宁静。树林里两只花喜鹊叽叽喳喳，那么欢快起劲，把鱼幼微从午睡中吵醒了。醒来发现枕上犹有泪渍，梦境已经模模糊糊，依稀看到一个朦胧而又熟悉的身影。当她正欲叫他一声"飞卿"时，却被鸟儿的清脆鸣叫声拉回现实。她苦笑一下，又凝神听一会儿那两只鸟儿的鸣叫，方才披衣起床。

这个时候的鱼幼微深感寂寞。诗中"阮郎唯有梦中留"一句中的"阮郎"是指阮肇。《幽明录》记载：东汉时，刘晨、阮肇二人入天台山采药，曾因饥渴，登山食桃，就溪饮水，于溪边遇到两位仙女。两位仙女热情招待他们，并主动和他们结成两对夫妻。鱼幼微这里用"阮郎"代指意中的情郎，曲折地表达她心灵深处对这段恋情的渴望。梦里时时出现阮郎的身影，这种绮梦却时常被平康里歌楼舞馆飘来的歌声惊醒，庭院里喜鹊喳喳也颇引春愁。

人世间的许多事情无法预料也无法强求。何况那个人已遥隔万里，漂泊在外，身不由己。

鱼幼微独坐窗下，默默对着一夕孤灯诉说衷肠："我不晓得，究竟该如何去留住你。难道我的风姿茂年，竟是一道你难以逾越的天堑？如果是这样，我真想回到几年前，永远不要长大，永远做那个在春日午后阳光里和你相遇的垂髫女童。"

他现在在干什么？喝酒？吟诗？还是掐着腰骂天骂地？他还记得长安城平康里的小女子吗？他知道这个小女子在想他吗？

幼微望着风中摇曳不定的灯火，一滴清冷的泪滴到了书本上。

自打父亲亡故后，她和母亲顿时感到天塌下来一样，家中物什逐渐典当一空。母女俩衣食无着，孤苦无依，以为青楼洗衣为生，饱尝世间辛酸。幸亏有这个才高于世、心地温良的男子，怜爱她，疼惜她，免她颠沛流离，受冻挨饿。在他悉心教导下，鱼幼微的诗才如囊中之锥，日见新锐；在他的陪伴下，幼微也渐渐长大，身姿窈窕，眉眼盈盈。

这几年间的深情厚意，在幼微心中已生出一片天地，只属于他和她的天地。

他来时，她老远就能听到熟悉的脚步声，那样洒脱不羁；然后期待着听到他轻叩门环的声响。谈笑时，她喜欢听到他的爽朗笑声，满屋子都是他的气息和味道；他起身离去时，她又是多么不舍和留恋。望着他离去时的背影，她真怕他出得门去就再也不会回来。

虽然世人口中的温庭筠是名满天下、谤满天下，是才高八斗的诗人，又是眠花宿柳的浪子，是其貌不扬的"温钟馗"，是桀骜不羁的狂士。但在幼微的一颗小小心灵中，世上男子哪个能及他半分。他真情率性，淡泊名利；他才华横溢，心地纯良。

他就是她眼前的一片绿叶，遮住了眼，再也看不见世上的其他男子。

慢慢地，她独自啜饮下一杯清酒，一阵辛涩的感觉从喉间直入心头。这是他送的酒，里面有熟悉的味道。

这杯酒，也让她初尝了思念一个人的滋味。

在温庭筠的一首《菩萨蛮》里，我们似乎看到鱼幼微的美丽情愫：

> 水精帘里颇黎枕，暖香惹梦鸳鸯锦。江上柳如烟，雁飞残月天。　藕丝秋色浅，人胜参差剪。双鬓隔香红，玉钗头上风。

春日里，画楼外，起床梳妆一新的美人远远地走来。头上插着随风飘动的袅袅春幡，双鬓还戴着鲜艳的花朵。美人款款而行，头上的玉钗在风中微微颤动。

这一天是古人非常看重的"人日"，是大年正月初七，一个怀念远人的日子。古人会将丝绸之类剪彩做成幡胜佩戴在头上。

那位深闺中的女子，那位藕丝秋色浅、春幡飘飘的美人，心思是否已随风远翔？

温庭筠深深地感到自己老了，而且仕途不畅，前途暗淡。可是他希望正处豆蔻年华的幼微能够过得幸福，有一个好的归宿。

寓言 鱼玄机

红桃处处春色，碧柳家家月明。

楼上新妆待夜，闺中独坐含情。

芙蓉月下鱼戏，蛺蝶天边雀声。

人世悲欢一梦，如何得作双成？

第二章

外宅妇：

嫁给状元郎

十五岁的鱼幼微告别了童真的少女时代，成为一位新科状元郎的外宅妇。

公子情，佳人意

后来，温庭筠回到了长安，几年不见，鱼幼微已是亭亭玉立、明艳照人的及笄少女了。

两人见面，那么多来不及说也无法言说的话语都化作了无声的默契。他们的目光躲闪又彼此深知对方的心意，言行间却保持师生间得体的距离。

他回来了，重逢的喜悦让鱼幼微溢于言表。那些离别日子里的阴郁心情已一扫而光。她似乎重新又变回当年那个阳光般明朗快活的女孩儿，和他在一起时爱说话了，也开始变得幽默风趣。温庭筠在交谈中知道，这些日子里她又读了好多新鲜的书，又写了好多新诗，交了好多新朋友。

一天，正是春雨初晴，温庭筠和鱼幼微师生两人来到城南崇真观中游览。这崇真观在长安朱雀街东新昌坊，唐时新科及第的进士榜，便在崇真观南楼张贴。这里风光秀丽，楼宇雄伟，远远可以望见长安城南的终南山上云岚袅绕。

不料，正好碰到一群新科进士争相在观壁上题诗留名。他们一个个春风满面，意气风发，正是人生中最得意的时刻。鱼幼微看着他们，忽然想起小时候父亲曾经的叹息。父亲多希望才华出众的鱼幼微能是男儿身，那样的话就能历经十年寒窗去应试科举，一朝成名天下闻，光耀门楣，报效国家。

可惜，自己只是个小小的弱女子，再饱读诗书、能诗善文也无济于事。鱼幼微想到这里，满怀感慨地在墙上题下一首七绝《游崇真观南楼，睹新及第题名处》：

> 云峰满目放春晴，历历银钩指下生。
> 自恨罗衣掩诗句，举头空羡榜中名。

唐代科举中的进士科尤受士人重视。及第者列名慈恩塔，参加曲江大宴；往日白衣，今朝朱紫，从此飞黄腾达。"历历银钩"，象征蟾宫折桂，金榜题名。因为那些士子及第中举后心情豪迈，笔墨书写得遒劲有力，所以是"历历银钩指下生"。

"罗衣"是妇女衣裳，指的就是女儿身。"罗衣"之恨就是女儿之恨。鱼幼微满怀高远志向，却恨自己生为女儿身，空有满腹才情，却无法与须眉男子一争长短！

其实，小小鱼幼微哪里知道，后世一位心比天高的天才女作家萧红曾经痛切地说："我一生最大的不幸就是我是一个女人。"这首诗可以说是鱼幼微对女子无权参与社会生活的抗议，对"女子无才便是德"的质疑，并且充满了对封建社会埋没女子才华的怨恨与不满，也流露出对自身才华的信心与肯定。后来，元代辛文房《唐才子传》评价此诗："观其志意激切，使为一男子，必有用之才，作者颇赏怜之。"

当然，温庭筠也感觉到了鱼玄机在诗中流露的情绪。他读后大笑："哈哈，幼微啊幼微，我倒是错看了你。你竟是个雄心压倒须眉的女中豪杰呵。明年春闱只管去参加，我看准能中个女状元。"

鱼幼微看着他，心中一动：这世上果真只有他才知道自己的心思，又不觉叹了口气。

于她，他是师，是友，亦是父。而于他，她则是心底最温柔的牵绊。这些日子，他隐隐感到也许是时候放手，为她觅得一处遮风避雨、衣食无忧的归宿。

唐代金榜题名后，进士们宴饮无数，多在曲江、杏园等风景秀丽的地方举办，"公卿家倾城纵观于此"。而"春风得意马蹄疾，一日踏遍长安花"的才子们，少不得"能谈吐，颇有知书言语"的佳人侍宴。鱼玄机也许就是在这样的场合遇到了她的"仙郎"，成为一位状元郎的"侍宠""执箕帚"。

这天，一位世家公子李亿前来拜访温庭筠。李亿，字子安，山西人氏。唐宣宗大中十二年（858）戊寅科状元及第，官授补阙。该科进士三十人。史籍中关于这位李亿的记载资料极少，仅明人徐应秋《玉芝堂谈荟》载："（大中）十二年（858），进士三十人，状元李亿。"

李亿曾娶鱼玄机为外室。宋孙光宪的《北梦琐言》、元文辛房的《唐才子传》都曾提到此事。可以想象这李亿年少登科，春风得意，与温庭筠颇为投缘，经常书信往来，诗词酬和。在温庭筠诗集中就有一首《送李亿东归》：

> 黄山远隔秦树，紫禁斜通渭城。
> 别路青青柳弱，前溪漠漠苔生。
> 和风澹荡归客，落月殷勤早莺。
> 灞上金樽未饮，宴歌已有余声。

这首六言诗作于李亿中状元之后，两人在长安城郊灞上送别。此诗景物描写清新，情感表达真切。可见两人交情甚笃。

温庭筠与他交谈时，提及京城有名的诗女鱼幼微，那李亿便大有倾慕之意。初到长安游览崇真观，他就曾经无意中读到了鱼幼微留下的那首诗。当下大为惊奇，"自恨罗衣掩诗句，举头空羡榜中名"，世上竟有如此抱负与才情的女子。这个十年寒窗苦读的士子心中大为仰慕，很想一睹这位题诗的奇女子的风采。

可惜李亿这次来京是为了出任左补阙官职，忙于官场应酬，一时无暇去打听鱼幼微的情况，只是在心中记住了这个名字。就任后，李亿开始拜访京城的亲朋故旧。

李亿来到了温庭筠家中。寒暄中，李亿颇为温庭筠的际遇嗟叹不已。作为朋友，他当然也劝慰说温兄大才，不愁将来一展雄才。温庭筠当然知道这是朋友的好意告慰，只是他原本就不再萦怀于功名，只是呵呵一笑，然后便拉了李亿起身来到书房里。

在书桌上，只见一幅字迹娟秀的诗笺。李亿拿起诗笺，只觉眼睛一亮：

> 红桃处处春色，碧柳家家月明。
> 楼上新妆待夜，闺中独坐含情。
> 芙蓉月下鱼戏，蛛蛛天边雀声。
> 人世悲欢一梦，如何得作双成？

正是桃红柳绿时节，春意盎然。皓月当空，少妇新妆等待丈夫，闺中少女想念情人；月下荷花底鱼儿嬉戏，天边彩虹旁倦鸟归林。世间的一切成双成对，多么美好，而自己却形单影只，孤苦伶仃。对于鱼幼微来说人世间的悲喜与欢乐就像一场梦，虚无缥缈。她多想像仙女董双成一样，能够在桃园里遇到东方朔那样的才子。

诗中的"双成"即传说中的仙女董双成，西王母之侍女，世传其故宅即妙庭观。双成炼丹宅中，丹成得道，自吹玉笙，驾鹤飞仙。后来东方朔到仙界蟠桃园里偷桃，他为人风流倜傥，才学过人，谈吐风趣，迷住了蟠桃仙子董双成。鱼幼微叹息人世悲欢往事犹如一场大梦，又怎会有董双成那样的好运呢？

此诗画面色彩鲜明，幽情缠绵，一看就是出自女子手笔。李亿不觉怦然心动。温庭筠笑着告诉他，就是那个题诗崇真观的奇女子鱼幼微所作。李亿睁大了眼睛，十分惊讶。李亿低下头细细又读了一遍，不觉喃喃自语："真真是一位才女啊！"

温庭筠把李亿微妙的神态看在眼里，暗中已猜中他的心思。这李亿锦衣玉带，文质彬彬，性情也温和，恰如一株茂密青葱的秀木，与鱼幼微还真是天造地设的一对。

这一刻，温庭筠蓦然明白到了该放手的时间。于是，好心的温庭筠便开始费心帮他们二人撮合。

按照今天人们的想象，鱼幼微与李亿的初次见面应当是在一个风和日丽的暮春。

也许那一日的情形应该是这样吧！温庭筠带着那春风得意的李亿来到了长安城的平康里。而鱼幼微刚从溪边洗衣而归，乱发间还插着一朵随手采摘的紫薇花。远远地，她看见温飞卿和一个衣袂飘飞的陌生青衣男子站在柳树林边。飞卿指点着什么，那男子点头应答着。

看这情形，幼微似乎猜到了什么，转身欲走开。不料，温庭筠却叫住了她，说："幼微，我们等你半天了。"鱼幼微这才转过身，待二人走近。温庭筠指指身边的男子："这位是状元李亿，字子安，他可是才华横溢，名动京华的大才子，久闻你的诗名，特来拜访。"

那位玉树临风的新晋状元郎摇着白扇，朝她微笑着，轻轻吟道："'红桃处处春色，碧柳家家明月。楼上新妆待夜，闺中独坐含情。'这可是姑娘的好诗？"

鱼幼微转头看看温庭筠："飞卿，我刚写的诗他怎知晓？"温庭筠笑笑："李公子对你的诗才十分仰慕，所以特随为师来拜访你。"

李亿收起手中的纸扇，指指她头上说："姑娘头上的这朵紫薇花可真好看。"

望着眼前这年轻男子清澈俊雅的笑脸，她扑哧一笑："如我这般好看么？"

温庭筠同李亿都大笑起来："是的，如你这般好看。"在这个情窦初开的夏季里，她开始暗暗喜欢上这个清澈如水的年轻男子。在阳光下微笑的那一刻，鱼幼微望着一旁玉树临风般的青年才俊李亿，忽然觉得他身旁的温庭筠瞬间显得那样憔悴苍老。

她不禁心头一疼，眼前一阵朦胧潮湿。

那一夜，明月当空。温庭筠侧卧在床榻上，透过窗户凝望天上那轮有些微微发红的月亮。

幼微，幼微，他心底默念，多少次的磨墨铺纸、煎茶品茗、敲棋煮酒、雅集酬唱。她是他的小知音，他是她的大诗友。诗歌成了他和幼微情感和心灵沟通的方式，是他们超越俗世、拥抱彼此心灵的最本质、最典雅的表达。

所有的温存与柔情都在那些美好的文字背后，没有沾染丝毫俗欲的气息，他多么眷恋这样风雅美好的时光。心中生出的几许感慨、几许怅惘，一点一滴地消散在漫漫长夜当中，缓缓吟成一曲《瑶瑟怨》：

> 冰簟银床梦不成，碧天如水夜云轻。
> 雁声远过潇湘去，十二楼中月自明。

幼微很清楚地知道温庭筠的心意，敏感的她早已从温庭筠的眼神中看出了几丝意味。这意味只有她能体会，这意味也只有她才会体会。那意味里包含的是一个男人的尴尬和无奈、留恋和决绝、慌张和逃避，虽然这个男人是多才多情的温庭筠，是洒脱无羁的温庭筠。

一阵风袭来，沙尘进了她的眼睛，她感到一阵刺疼。其实，刺疼的何止是眼睛，那疼的分明是心、是肺、是经久岁月的情意啊。也许在他的心里，她就是天上那轮冰清玉洁的月亮，遥不可及。而他所能捧给她的只能是怜爱和思念。

温庭筠告诉她，这李亿是状元，可谓前程无量。如果能将鱼幼微终身托付于他，也算了却一桩心事。

那状元郎李亿对鱼幼微可谓是一见钟情。大中十二年（858），在长安繁花如锦的阳春三月李亿迎娶了她。

春日的午后，豆蔻之年的鱼幼微乘一顶花轿，攘着一角衣襟，轻轻跨入李亿为她置下的长安宅院。

她也许感到自己正在走向一个崭新又陌生的生活，一个新鲜的可能非常美好的生活。

那状元郎李亿看着她，眼眸中应当有着满满的爱意。从此，才子佳人，金屋藏娇，鱼水欢合，举案齐眉。

他们的宅院依山傍水，林木茂密，鸟语花香。李亿父母同夫人都暂居江陵，他只身在长安，只有几个仆人照顾他的饮食起居。在这里，金童玉女似的李亿与鱼幼微，每日里吟诗作画，尽情缠绵，男欢女爱，度过了一段令人心醉的美好时光。时光甜蜜得渗出了蜜汁。

李亿比幼微大几岁，已有妻室。虽然出身官宦世家，可他内心文弱，待人却十分温和，尤其是对美丽聪慧的幼微十分地温存体贴。两人一起吟诗联句，往往是鱼幼微口齿伶俐，出句更快更好。当李亿读圣人之书时试作申论，常常文思滞涩。一边的鱼幼微一两句话便能点开茅塞，让李亿恍然大悟。他起身抱起才貌双全的幼微一阵亲吻，眼中满是钦佩：幼微，如果你去应试科举，也许真能中个状元!

这期间，偶尔李亿也会出门远行。鱼幼微独自在家，寂寞中会想念远方的友人，便写了一首《暮春有感寄友人》：

> 莺语惊残梦，轻妆改泪容。
> 竹阴初月薄，江静晚烟浓。
> 湿嘴衔泥燕，香须采蕊蜂。
> 独怜无限思，吟罢亚枝松。

黄莺啼声惊扰了梦境，醒来后泪痕浸残了妆容。夜晚竹林阴暗，月色淡隐。宁静的江畔，夜雾浓重。燕子正衔着新泥筑巢，蜜蜂在采花酿蜜。燕子筑巢、蜜蜂采花象征着家的温暖和对爱人的依恋。只有她一个人怀着无限愁思漫步，低语沉吟间不知不觉压低了枝松。

这正是鱼幼微在暮春时节的寂寞情怀。暮春时节，在一个黎明时分，鱼幼微被黄莺的鸣叫声惊醒，于是起身看到窗外景色，她的心里愁思弥漫，不禁想起了一些纷纭往事，沉吟间写下了这首诗。好像是在鱼玄机这里，相思第一次有了重量，连路边的松枝，都被自己吟哦的沉沉相思压弯了。这让人想起后世的李清照写"只恐双溪舴艋舟，载不动，许多愁"，让愁也有了重量，可随水而流，可用船装载。

在她的另一首诗《早秋》中，鱼幼微的诗笔显得轻盈而闲静，有着轻抹淡扫的水墨画的画面感，其中有着淡淡的感伤与闲愁，却并不沉重，显得优美而宁静。

那是早秋时节的一天，李亿因公事出门，鱼幼微一个人在家。幼微便将母亲从平康里的老家接来一起住下。母亲已然年迈，且又多病。虽然李亿出钱买下一个侍婢为母亲端茶送水，终让幼微颇不放心。

闲时，鱼幼微陪母亲坐着闲聊，有时也看看书，写写诗。望着窗口初绽的新菊，还有远远的落日山影、暮色里升起的炊烟、被凉风吹得沙沙作响的树，她轻轻拨动了一下案几上的琴弦。无聊间，吟出一首《早秋》：

> 嫩菊含新彩，远山闲夕烟。
> 凉风惊绿树，清韵入朱弦。
> 思妇机中锦，征人塞外天。
> 雁飞鱼在水，书信若为传。

鲜嫩的雏菊正慢慢含苞待放，远山上的袅袅夕烟与落日悠然在望，凉风吹动绿树在微微摇动，清新的韵律谱入了指下的红色琴弦。"含""闲""惊""入"四个动词使眼前的画面颇有动感；而"嫩""新""绿""朱"则有鲜明的色彩美感。织造征衣的思妇，在战争烟云中行进的征人，飞过长空的大雁，水中的游鱼，全部都是动态的景物。但当她用简洁洗练的笔墨将这些动态景象剪辑在一首诗中时，这些景物全都化作她脑海中某一瞬间的静态印象，犹如一幅简洁、生动而又静谧的水墨画。

"思妇机中锦"的"机中锦"指晋窦滔妻苏氏所作织锦图文《璇玑图》。该典出自《晋书·列女传·窦滔妻苏氏》："窦滔妻苏氏，始平人也，名蕙，字若兰。善属文。滔苻坚时为秦州刺史，被徙流沙，苏氏思之，织锦为回文旋玑图诗以赠滔。宛转循环以读之，词甚凄惋，凡八百四十字。"

苏蕙才思灵巧，能织出精妙的回文诗锦，感动了被徙在外的丈夫窦滔。而鱼幼微也是锦心绣口，才思娟秀。这里其实以苏蕙指自己。诗中虽托名征人思妇相思，实则是她自己期盼能有鱼雁传书，将自己的思念寄给远方的情郎，也盼望能得到他的消息。诗中虽流露寂寞相思之意，却透出一股闺中少妇轻逸闲适的心境。

而这个时候的鱼幼微是家居的小少妇，日子过得平静而恬淡，虽偶尔寂寞，却显得淡定闲逸，充满了家庭生活的愉悦和快乐。

佳期短，欢情薄

鱼幼微早熟、多情，原本自信，少拘束，自有一番浪漫情怀。

李亿做着京官，妻子裴氏远在鄂州。他和鱼幼微情投意合，日子过得颇是美满。他们时常外出游玩，踏青、狩猎、打马球，逛东西两市购物，出席豪门宴饮……

这期间，鱼幼微还写有《打球作》一诗：

> 坚圆净滑一星流，月杖争敲未拟休。
> 无滞碍时从拨弄，有遮栏处任钩留。
> 不辞宛转长随手，却恐相将不到头。
> 毕竟入门应始了，愿君争取最前筹。

诗中说，这马球形态坚圆净滑，像一颗星星在夜空游走。月牙形的球杖争抢敲击，不肯停休。前方若是没有阻碍，马球随人拨弄，就算有了什么遮拦也会随着人手或出或留。不怕曲折，球随手走，只怕一番辛苦却不能相陪到尽头。毕竟只有入门才是应当有的结局，希望郎君勇夺头筹。

诗中所写的"打球"是指"马球"，唐代风行的体育运动。诗中写了如"一星流"的木制球，杖头如月牙形的击球棍，以及用棍拨打木球的场景。两队人或步行或骑马，争相用一根鞠杖将球打入对方门内。球被击入球门后，即得一分，记为一筹，得分多者为高筹。

此诗应当是鱼幼微与李亿观看马球之后，也有可能是上场亲自打球后的即兴之作。两人还在比赛时互赌胜负。可见鱼幼微并不是人们想象中弱不禁风的才女，而是和当时多数唐代女子一样健康、外向、活泼，个性中不乏积极豪放的一面。

在唐代的贵族妇女中普遍流行打马球等体育活动。自小住在长安城繁华街区的鱼幼微耳濡目染，也学会了打马球。不过，敏感的鱼幼微已经感到地位不稳的惶恐不安。哪怕两人在打马球之时，也不免因景生情，感叹道："不辞宛转长随手，却恐相将不到头。"球、杖本是无情物，但是在鱼幼微看来，球不惧击打，始终追随于人的身边，但是终究不能一直厮守。这正是自己境况的真实写照。

从诗中可以知道，她其实是以球自况。"毕竟入门应始了，愿君争取最前筹"更是双关语。鱼幼微现在其实只能勉强算是李亿的妾，而且是在外宅居住的妾，还没有资格入门去见李亿的父母。就如同《红楼梦》里贾琏瞒着王熙凤在外面偷娶的尤二姐一样。可是鱼幼微自小是心比天高的人，可不想任人拨弄，而是希望能像那马球一样能够"入门"（嫁入李家之门），有一个最终的归宿。《红楼梦》里的外宅妇尤二姐也是如此："心里早已想着进去同住方好。"

鱼幼微的忧虑也许并非空穴来风。说是新婚燕尔，不过三月有余，李亿来看望她的次数已经屈指可数。正值夏日，远在外地为官的李亿让人将一床竹席送到鱼幼微的住处。在《酬李学士寄簟》一诗中，鱼幼微这样写道：

珍簟新铺翡翠楼，泓澄玉水记方流。

唯应云扇情相似，同向银床恨早秋。

看这珍贵的竹簟新铺在翠绿色的楼房里，床上就像有了一方美玉般美妙的粼粼水波。幼微看在眼里，喜在心里。李亿的这一举动触到了她心底最柔软、最细腻的地方，她渴望被人关心和爱护。然而，她又是敏感而脆弱的，在片刻幸福之后心里升起了一种忧虑。她想到了汉成帝时班婕妤失宠后写的《团扇诗》：

新裂齐纨素，鲜洁如霜雪。

裁为合欢扇，团团似明月。

出入君怀袖，动摇微风发。

常恐秋节至，凉风夺炎热。

弃捐箧笥中，恩情中道绝。

她在诗中暗用了班婕妤这首《团扇诗》典故，云扇和竹簟命运是相同的，秋天一到就被主人弃置不用，隐喻自己担心被抛弃。鱼幼微也深深怀有这样一种忧愁和恐惧：感情上的秋冬到来，自己就会被丈夫抛弃。

对鱼幼微来说，这种危机感无时不在。本为"里家女"的幼微深知自己无法与考中状元的李亿相匹配，但是自己又深爱着他而不能自持。她深深希望郎君李亿将来不要抛弃自己。对于幼微来说，拥有李亿的爱就足够了。

年方十五的鱼幼微唯一的愿望，就是凭着自己的才情和美貌，长久地留在李亿身边。

江陵愁望寄子安　鱼玄机

枫叶千枝复万枝，江桥掩映暮帆迟。

忆君心似西江水，日夜东流无歇时。

谁也想象不到，一个十六七岁的女子为了爱情，竟然只身远行漫游，跋涉于山川江湖之上。

楚江暮，失群飞

然而，世上事总是那么不能尽如人意。李亿有一个原配夫人裴氏。裴氏家族世为名门望族，祖上曾几任在朝为官，在当地可谓树大根深。李亿来长安求官，也多有裴氏娘家人的帮助和提携。

当裴氏得知李亿在外纳妾的消息，立刻写信叫他速回江陵，李亿自然不敢违命。

临别时，鱼幼微写下《送别二首》：

秦楼几夜惬心期，不料仙郎有别离。
睡觉莫言云去处，残灯一盏野蛾飞。

水柔逐器知难定，云出无心肯再归。
惆怅春风楚江暮，鸳鸯一只失群飞。

第一首诗中出现的"秦楼""仙郎"化用了萧史、弄玉的典故。

春秋时，秦穆公为女儿弄玉到处物色如意郎君。某日弄玉梦见一少年骑凤吹箫，秦穆公乃派人寻找吹箫少年，知吹箫少年名叫萧史。秦穆公非常欣赏萧史，便把弄玉许配给他。萧史和弄玉婚后幸福美满，因萧史是天上神仙，不能长留人间，于是萧史乘龙，弄玉跨凤，双双飞上天去。结局是很美满的。而鱼玄机眼前见到的却是"残灯一盏野蛾飞"：一只野蛾在眼前绕着烛火飞舞，为了追逐光明和寻求温暖，它将要投火而死吗？这个画面暗寓的结局让她不寒而栗。

"水柔逐器"将女子比作水，水性柔弱，随器成形，很难有自己的形状，只能温顺地随遇而安，没有独立的人格，只能依赖于男子。"云出无心"将男子秉性比作云，飘浮不定，变幻多端。而"无心"与"有心"正好是相对的。后来鱼玄机有诗句说："易求无价宝，难得有心郎。"正是针对男人有如"云出无心"有感而发。同时，"水柔逐器""云出无心"都是变幻莫测的，就像她前途莫测的未来命运。在一个春风惆怅的黄昏，楚江江面上一只失群的鸳鸯孤独地飞过。那就是她自己，一个孤独无依，沉浸在失落、惆怅与哀怨中的女人。

鱼幼微忐忑不安地等待着，却传来李亿赴鄂州上任为官的消息，她毅然决心前去寻找。

温庭筠得知后，写了一首《送人东游》给她：

> 荒戍落黄叶，浩然离故关。
>
> 高风汉阳渡，初日郢门山。
>
> 江上几人在，天涯孤棹还。
>
> 何当重相见？樽酒慰离颜。

一次说走就走的旅行，源于一场奋不顾身、飞蛾扑火般的爱情。于是在晚唐时代，一个弱女子带着一名小婢，从汉水沿江南下，历尽艰险最终抵达江陵。

> 山路欹斜石磴危，不愁行苦苦相思。
>
> 冰销远涧怜清韵，雪远寒峰想玉姿。
>
> 莫听凡歌春病酒，休招闲客夜贪棋。
>
> 如松匪石盟长在，比翼连襟会肯迟。
>
> 虽恨独行冬尽日，终期相见月圆时。
>
> 别君何物堪持赠，泪落晴光一首诗。
>
> ——《春情寄子安》

这首诗写给情郎李亿，一片痴情，感人至深。开篇"山路欹斜石磴危，不愁行苦苦相思"即道出山路崎岖，相思之深。李亿不在身边，更增添了她的惦念和牵挂。

"冰销远涧怜清韵，雪远寒峰想玉姿。"远山雪峰、足畔溪涧，都令她想起情郎的风姿清韵。在她的心目中李亿潇洒倜傥如寒峰玉山，韵致清雅如远涧初融的流水。鱼幼微是一个爱才子、爱帅哥的晚唐女子，并明明白白地在诗中大胆说了出来。有一点花痴粉的味道。

接下来"莫听凡歌春病酒，休招闲客夜贪棋"，她委婉地劝郎君不要去妓院、酒楼等场所，叮嘱他日常起居和生活游乐要有节制，已远非一般女子诉相思之语了，透露出亲人间的关心与爱意。可见，鱼幼微善解人意，对情郎疼惜有加，字里行间渗透着浓浓爱意。

"如松匪石盟长在，比翼连襟会肯迟"两句，说自己的爱情如松柏之长青。"匪石"出自于《诗经·邶风·柏舟》："我心匪石，不可转也。"言石可转，而心不可转，比喻爱情坚定不移。曾经的海誓山盟还历历在目，我们相聚在一起的日子怎么能推迟呢？

"虽恨独行冬尽日，终期相见月圆时。"虽然孤身在外正是冬尽春来时分，相信中秋月圆之期必定会与李亿相聚。最后她说："别君何物堪持赠，泪落晴光一首诗。"在这相思之际，拿什么送给远方的情郎呢？她不禁含情落泪。泪珠晶莹剔透，滴洒在素色诗笺上，那是她的真情化成的。于是就把这由真情化成的泪滴和写满相思的诗篇送给他。

千载之后，此诗仍然让诵之者唏嘘，明代的钟惺便感叹道："如此持赠，恐不堪人领取也。"这首诗还获得了明人胡应麟的极高评价："余考宋七言排律，遂亡一佳，唐惟女子鱼玄机唱酬二篇可选，诸亦不及云。施肩吾百韵在二作下。"他指的就有这一首七言排律《春情寄子安》。

读过她的这些爱情诗篇不禁让人感叹，这真是一个为了爱情而变得勇敢起来的女人。

她不辞山高路远、荆棘丛生，不顾马疲车坏、风雨道阻，就像一只渴望爱情之光、渴望温暖怀抱的飞蛾，毅然振翅向着摇曳晃动的明亮火烛飞去。正如花间词人韦庄的词中所说："妾拟将身嫁与，纵被无情弃，不能羞！"是的，哪怕焚身以殁、化为灰烬，她也在所不惜。

诉不尽，相思意

然而，鱼幼微到江陵以后，却同李亿隔江而居。江南江北，相对愁望。

原来那裴氏听闻丈夫娶了长安有名的才女鱼幼微，早已妒火中烧，坚决不准李亿再同她往来。有一天，李亿忽然支支吾吾地告诉鱼幼微："你且去江陵躲一躲，我想办法，之后就去跟你会面。"李亿有妻，鱼幼微早已知道。见李亿这样的神情话语，她就知道不好了。女人的直觉总比男人准。他是有妻子的人，而自己只是一名没有名分、没有地位的外宅妇。

然而，她没有怨恨李亿，独居江陵的日子里，她心里时时牵挂李郎，吟成一首《江陵愁望寄子安》：

> 枫叶千枝复万枝，江桥掩映暮帆迟。
> 忆君心似西江水，日夜东流无歇时。

读此诗，我们仿佛看到一个清冷萧索的画面：深秋，美丽的才女鱼幼微伫立江岸桥头，眼前枫树叶茂枝繁，夕阳照耀江桥，映出暗淡的桥影，点点船帆于暮色中缓缓东来。她在等一个人——一个男人，一个她以为值得等的男人。西望长安，思念之情如同西来的江水。回首东望，想念之思，犹如日夜东流的长江，永无歇时。

这首诗景象凄美缠绵，读之令人黯然魂销。"千枝""万枝"写枫叶繁多，使暮霭中的江桥隐约难见，也挡住了她远望丈夫来帆的视线。后面以滔滔不绝的江水日夜东流比喻绵绵不断的思念之情，这样的意象凝聚了深厚真挚的相思之情和难以释解的愁怀。此诗成为鱼玄机流传后世的名篇，被人传咏。

事实上，这首诗与鱼幼微的恩师温庭筠的一首词《忆江南》意境情致极为相似：

> 梳洗罢，独倚望江楼。过尽千帆皆不是，斜晖脉脉水悠悠。肠断白蘋洲！

鱼幼微希望能进入那个家门，能让那个家族承认她这个外宅妇，能跟这个男人安稳厮守一辈子。但是，那个女人不同意。她连踏进家门的机会都不给，她只能与李亿隔江而居。

此时鱼幼微与夫君仅一江之隔，可谓近在咫尺。她在江陵的大部分时间是寂寞而孤独的，不断徘徊，到处游览，谈谈琴，看看书，抱着渺茫的希望，坚持着一场爱的赌局。赌注就是她的青春。她年轻、漂亮，她相信这个男人也真心喜爱她的美貌，欣赏她有文采，曾经他们吟诗作对宛如珠联璧合。

李亿这时也写下一首《西山晚别》：

> 曲尽江流换马裘，美人梅下引风流。

兰舟未解朱颜紧，幽怨难辞钗凤留。

水流宛转的江边，两人依依惜别。李亿换上了皮裘，准备渡江而去，而那送别的美人在梅树下别有一番风流姿容。即将远行的兰舟停靠在岸边，缆绳还没解开，佳人的俏丽脸庞上就眉头皱起。她不舍他的离开，心头满是怨恨，却取下发髻里的凤头钗相赠，以表达深挚坚贞的情意。

鱼幼微思念李亿，不时写诗诉说自己的相思之情。她在《隔汉江寄子安》中写道：

江南江北愁望，相思相忆空吟。
鸳鸯暖卧沙浦，鸂鶒闲飞橘林。
烟里歌声隐隐，渡头月色沉沉。
含情咫尺千里，况听家家远砧。

这首诗写得情景交融，空灵而有韵致。烟歌隐隐，月色沉沉，砧声遥遥，情思渺渺。鸳鸯和鸂鶒两种相伴相依的水鸟，隐含了她内心的相思之情。

她还在重阳节时写下一首《重阳阻雨》，诗云：

满庭黄菊篱边拆，两朵芙蓉镜里开。
落帽台前风雨阻，不知何处醉金杯！

重阳时节，竹篱边的黄菊花被风雨摧毁。她手持两面铜镜，前后揽镜自照，只见两面镜中自己的面容如同芙蓉花一样艳丽。

正是温庭筠词中所谓"照花前后镜，花面交相映"，显出她对自己青春美丽的几分自信。"女为悦己者容"，她精心打扮自己，想把自己的美好形象展现在情郎面前。

原本她期待着能与他一起度过重阳佳节。然而，李亿因雨不能如约而至，自己也被风雨所阻不能出游登高会友，心中大有"良辰美景虚设"的感触。这使鱼幼微感叹"不知何处醉金杯"，不知该怎样打发这寂寞时光。

诗中提到的落帽台在江陵县西北龙山，晋代文人孟嘉曾在此落帽，传为佳话。据《晋书》记载，荆州刺史桓温于九月初九重阳节在龙山东南端的此台上设宴，邀集部属饮酒赏菊。席间，参军孟嘉的帽子被风吹落，却佯装不知，仍然尽情畅饮。待孟嘉离席净手的时候，桓温便让另一名士作文以嘲笑孟嘉。孟嘉归席，挥毫作答，其文辞之优美，令满座叹服，于是"笑怜从事落乌纱"传为登高雅事。落帽台也因此而得名。诗人李白游此曾写《九日龙山饮》一诗，诗曰："九日龙山饮，黄花笑逐臣。醉看风落帽，舞爱月留人。"后来意犹未尽，又作《九月十日即事》一诗："昨日登高罢，今朝又举觞。菊花何太苦，遭此两重阳。"

鱼幼微与李白一样，在诗中提到落帽台的典故，既强化了浓郁的秋日重阳文化氛围，也是隐隐以孟嘉的文采自许。

长夜无眠，鱼幼微在云房中思念着李亿，泪水和墨写下了一首《寄子安》：

> 醉别千卮不浣愁，离肠百结解无由。
> 蕙兰销歇归在圃，杨柳东西绊客舟。

聚散已悲云不定，思情须学水长流。

有花时节知难遇，来肯厌厌醉玉楼。

　　一开头就写出了浓浓的醉态，可知她欲借酒浇愁，却无法排解离愁。

　　"蕙兰销歇归在圃，杨柳东西绊客舟"一联则呈现了一幅暮春的萧散景象，隐含了她孤独、失落、失望的情绪：蕙兰的美丽正逐日凋残消退；江畔的杨柳袅袅轻扬，陪伴着孤旅中的客船。下句的"云不定"喻指人生离合悲欢的不确定境况，而绵延不断的流水则让人慨叹人心的易变。"有花时节知难遇，来肯厌厌醉玉楼"一句出自于《诗经·小雅·湛露》："湛湛露斯，匪阳不晞，厌厌夜饮，不醉无归。"原是描写周天子设宴招待朝见的诸侯，表达一种接遇礼仪。此处是指晨露不遇太阳不干，酒兴不醉无归。是说花开时节却知己难遇，她不愿对花独饮，醉倒在空空楼阁里。

　　她还常常独自游览江汉，《遣怀》一诗写道：

闲散身无事，风光独自游。断云江上月，解缆海中舟。

弄琴萧梁寺，诗吟庾亮楼。丛篁堪作伴，片石好为俦。

燕雀徒为贵，金银志不求。满怀春酒绿，对月夜琴幽。

绕砌澄清沼，抽簪映细流。卧床书册遍，半醉起梳头。

　　庾亮楼在鄂州，晋庾亮镇武昌时所建。寺庙名楼都游玩了，但是唯有篁竹、片石作伴为俦，只好借琴、酒消愁而已。不过，李亿还是经常寻找各种借口过江而来，与鱼幼微私下相会。恩情还在，鸳鸯重续，喝酒吟诗，仿佛欢爱一如从前。

这甜蜜的时刻也让鱼幼微写入《江行二首》：

其一

大江横抱武昌斜，鹦鹉洲前户万家。

画舸春眠朝未足，梦为蝴蝶也寻花。

其二

烟花已入鸬鹚港，画舸犹沿鹦鹉洲。

醉卧醒吟都不觉，今朝惊在汉江头。

大江东去，灯火万家，繁盛的武昌城历历在目。在江中的游船画舫上一夜睡到天明，感觉犹未睡足。在梦里，即使身化蝴蝶，也不忘去寻找鲜艳明丽的花朵。显然，鱼幼微昨夜于江船上梦中寻找情郎，可能还没有找到就梦醒了。所以她说"画舸春眠朝未足"。"梦为蝴蝶也寻花"用了庄周梦蝶的典故。《庄子·齐物论》载："昔者，庄周梦为胡蝶，栩栩然胡蝶也。自喻适志矣！不知周也。俄然觉，则蘧蘧然周也。"

不过，鱼幼微借用庄周梦蝶这一典故，既有画船春眠梦中不知身之所在的意味，也翻出化为蝴蝶也恋花的爱情联想。这种花非花、雾非雾的朦胧意境，春心萌动中的蝴蝶与花意象，隐隐有种蒙太奇般奇幻的性爱意味。在中国文学传统中，蝴蝶还是情人的隐喻，故寻花表达了她追求爱情的欲望。所以，清初文人黄周星对此诗的评价是"岂非妖冶之尤"！鱼玄机的笔下其实已经有种晚唐诗风的迷离色彩，和李商隐的诗笔有相通之处。

第二首连用"已入""都不觉""惊在"，从"鸬鹚港""鹦鹉洲"移至"汉江头"，在时间、空间方面快速切换，形成一幅连续移动的画面，气脉贯注，十分流畅。眼前景色的变幻恍如梦中，表达了一种清新、惊奇、喜悦的心情。

这两首诗画面开阔明朗，变幻自如，文字清新活泼，富于动感和变化，显出幼微的心情是愉悦而欣喜的。这样的心境也激发了她的创造灵感。

闺中友，同唱和

她结识了很多朋友。还在江陵居住的时候，她写过一首《期友人阻雨不至》：

> 雁鱼空有信，鸡黍恨无期。
> 闭户方笼月，褰帘已散丝。
> 近泉鸣砌畔，远浪涨江湄。
> 乡思悲秋客，愁吟五字诗。

鱼幼微准备了丰盛酒菜等待友人的到来，可惜朋友连个音信都没有，所以这次相聚就变得遥遥无期了。"空有信""恨无期"道出了她的无奈与遗憾之情；友人爽约是因为风雨交加、河水涨满，无奈之下，她吟成这首五言诗来表达思念期盼之情，同时也流露出她内心的孤寂和愁闷。

她在这里还结识了一位好朋友国香姑娘。所以后来鱼幼微回到长安，还写了一首《寄国香》给她：

> 旦夕醉吟身，相思又此春。

雨中寄书使，窗下断肠人。

山卷珠帘看，愁随芳草新。

别来清宴上，几度落梁尘。

从这首诗中可以得知，鱼幼微常常借酒消愁："旦夕醉吟身，相思又此春。"她愁思绵长，为了忘却这愁思而旦夕饮酒，以酒浇愁。在春雨中送走了信使，读完了国香寄来的书信后，她在窗下愁肠百结。起身卷起珠帘时，她正好看见雨中的山色，心中新的愁意随着那绵绵春草不断增长。她心中不禁喃喃问道：国香，你是否别来无恙？

于是，她想起那一次和好姐妹在清宴上的情形来了，国香饮尽杯酒后呵呵一笑，然后高歌起来。她清亮高亢的歌声，几度让梁上的清尘扑簌簌落下。

"别来清宴上，几度落梁尘"中的"落梁尘"典出《太平御览》引《世说》："虞公善歌，发声动梁尘。"足见国香善于唱歌。清宴歌吟是风雅之事，鱼幼微与国香都是有诗文才气的女子，彼此情趣相投，互相理解同情，故而结下了深厚友谊，分别后还书信往来。

有趣的是，"国香"这个名字与鱼幼微还颇有点因缘。《左传·宣公三年》有云："以兰有国香，人服媚之如是。"后人因称兰花为"国香"。唐代宋之问在《过史正议宅》诗中云："国香兰已歇，里树橘犹新。"《广群芳谱》引宋黄庭坚《书幽芳亭》："兰之香盖一国，则曰国香。"可见，"国香"一般指的就是兰花。我们知道，鱼幼微还有一个字就是"蕙兰"。蕙兰是中国栽培时间最久和普及程度最广的兰花之一，是比较耐寒的兰花品种之一。所以，幼微与国香从名字上就有一些渊源。

现在想来，国香应当是一位能读书识字并与鱼幼微谈得十分投机的女子。在鱼幼微心情孤寂的时候，是其陪伴在幼微身边，一起聊天出游、吟诗唱歌。她们私下里，也许会无话不谈。鱼幼微心中的种种难事或委屈，应当会向国香倾诉。她和李亿的爱情经历，她的种种际遇，这位国香姑娘应当有所知晓。这位善解人意的好"闺蜜"，总是会温言缓语地为好友排解心中的烦恼和痛苦。

当国香陪伴鱼幼微在江南楚地鄂州游览时，国香讲起了莫愁女的故事：

莫愁女的父亲卢公在汉江上靠摆渡为生，母亲在村中植桑种桃。在楚襄王初年的一个风雨天，莫愁女降生在桃花村头江岸渡口的船舱中。她刚生下时，不住地啼哭，卢公抱她哄着她："莫哭，莫哭，莫悲，莫悲，莫愁，莫愁！"听到"莫愁"二字，她的哭声竟一下停止了。卢公于是就把她取名为莫愁。

"金雀玉搔头，生来唤莫愁。"莫愁女生在风波里，行走风浪中，喝着汉江河中水，吃着桃花村中粮。有时随村中姐妹在那碧波荡漾的沧浪湖中采菱摘莲，有时随父母进城卖桃，有时在江中、湖里摇艇打桨，有时在阳春台、白雪楼习舞唱歌。她有一副津甜清脆的嗓子，郢中的诸般曲一学就会。当她长到十五六岁时，出脱得竟如沧浪湖中的出水芙蓉一般。纤纤腰肢，亭亭玉立，靥靥酒窝，笑缀缨唇；容似香荷，行如流云。莫愁女得屈原、宋玉的指导、帮助，翻古传高曲，融楚辞乐声，继大琴师刘涓子之后，完成了《阳春白雪》的入歌传唱。

莫愁女的歌舞声誉传进了楚王宫苑，楚襄王把她征进宫中作了歌舞姬女，把她的未婚夫东邻王襄哥放逐到了扬州。扬州地距郢中数千里之遥，襄哥此去实是生离死别。古《莫愁乐》记述了莫愁女汉江泪别王襄哥的悲痛情景——"闻欢下扬州，相送楚山头，探手抱腰看，江水断不流！"雪浪滔滔的汉江水，流不尽莫愁女的衣愁，她目送载着襄哥的船儿远去，含愤在白雪楼举身投了汉江。

人们为了纪念她，便把桃花村改名为莫愁村，把沧浪湖改名为莫愁湖，她系艇登岩的白雪楼下的矶头渡，则称莫愁渡。传说莫愁女其实并没有死，她被汉江渔夫救起，曾寻屈原的踪迹，也找寻过王襄哥，泛艇江湖，足无定踪，真正回到了民间。《莫愁乐》歌唱道："家家迎莫愁，人人说莫愁，莫愁歌一字，恰恰印心头！"后世千百代，吟咏莫愁女、莫愁村、莫愁湖、莫愁渡、阳春台、白雪楼的诗词歌赋，历历记述了莫愁女的事迹。

国香一边讲着莫愁女的故事，一边笑着说："蕙兰，有人说'红颜自古多薄命'，其实我们这些女子不必自寻烦恼。爱也罢不爱也罢，总之不要让自己太过伤心痛苦。莫愁莫愁，女子莫要愁。快乐快乐，女子要快乐！"

鱼幼微听过国香的讲述，被莫愁女的坎坷爱情经历所感动，深有感慨地写下了一首《过鄂州》：

柳拂兰桡花满枝，石城城下暮帆迟。

折牌峰上三闾墓，远火山头五马旗。

白雪调高题旧寺，阳春歌在换新词。

莫愁魂逐清江去，空使行人万首诗。

为了让这位闺中好友开心快乐，国香还常常带着幼微出去游玩，出席各种宴会，还会和她一起高歌。所以，鱼幼微后来回到长安，每逢心情郁闷的时候，都会想起这位远方的好姐妹来。

"雨中寄书使，窗下断肠人。"鱼幼微手中握着来自远方的书信，常常就这样走到窗前，望着窗外迷蒙潮湿的雨中景象，陷入一种说不清道不明的惆怅之中。她不由叹息道："莫愁莫愁，女子难得不愁啊！"

在鱼幼微出游江汉荆楚期间，有来自长安的朋友送给她一张诗笺。

诗笺上的诗是由三位有才女之称的姐妹光、威、哀在家里联句而成。《全唐诗》卷八〇一中收录了这首《联句（光、威、哀，姊妹三人，失其姓）》：

> 朱楼影直日当午，玉树阴低月已三。——光
>
> 腻粉暗销银镂合，错刀闲剪泥金衫。——威
>
> 绣床怕引乌龙吠，锦字愁教青鸟衔。——哀
>
> 百味炼来怜益母，千花开处斗宜男。——光
>
> 鸳鸯有伴谁能羡，鹦鹉无言我自惭。——威
>
> 浪喜游蜂飞扑扑，伴惊孤燕语喃喃。——哀
>
> 偏怜爱数蟏蛸掌，每忆光抽玳瑁簪。——光
>
> 烟洞几年悲尚在，星桥一夕帐空含。——威
>
> 窗前时节羞虚掷，世上风流笑苦谙。——哀
>
> 独结香绡偷饷送，暗垂檀袖学通参。——光
>
> 须知化石心难定，却是为云分易甘。——威
>
> 看见风光零落尽，弦声犹逐望江南。——哀

做这篇联句诗的三姐妹名字分别是光、威、哀，她们从小失

去了父亲，现在都长成了亭亭少女。关于她们的详细情况，史籍均无记载。三姐妹大概和鱼幼微一样才貌出众。于是有人将这首诗从长安带给在外出游的鱼幼微，鱼幼微步韵写诗唱和，这才流传下来。

这首三姐妹联句诗呈现的一个个场景画面，在对眼前景象的咏叹里融和着岁月流逝、风华凋落的无奈。月上三更时，剪裁针绣，在难以青鸟传书的愁思里，包含着少女难言的青春心事。鸳鸯有伴，鹦鹉无言，游蜂扑扑，孤燕喃喃，透露出一种生命的孤寂与无奈。

"朱楼影直日当午，玉树阴低月已三。"诗的开篇分别是两个代表时间的画面：一是女孩子所居住的红楼正是树影最短的日间正午时分，二是月上三更时，楼前高树的阴影到了最低处，此时正是夜间最深的子夜时分；这两个时间点表达的是一天时光的起与止。隐含的意思是说从早到晚，红楼深闺中的这些女孩子都在做些什么呢？

"腻粉暗销银镂合，错刀闲剪泥金衫。"不知不觉间，合上了脂粉渐少的镶银胭脂盒，又用剪刀精心裁剪着饰金的衣衫。梳妆打扮和裁剪缝纫正是闺中女子做得最多的事情。

"绣床怕引乌龙吠，锦字愁教青鸟衔。"这两句颇为有趣，连用两个典故。一个是"乌龙吠"暗用了《诗经·召南·野有死麇》："野有死麇，白茅包之。有女怀春，吉士诱之。林有朴樕，野有死鹿。白茅纯束，有女如玉。舒脱脱兮！无感我帨兮！无使龙也吠！"最后一句中的"龙"就是指多毛的狗。意思是女子对那前来约会的男子说：动作慢一点啊，不要慌张！不要动我围裙响，也别惊了狗儿叫汪汪。诗中的"乌龙吠"指的就是狗叫。第二个"青鸟衔"是用了西王母的信使青鸟传书之典。显然，两句诗的意思就是说有女怀春，却无人传递心事给情郎。

"百味炼来怜益母，千花开处斗宜男。"益母是一味中草药，有通经止血之功。宜男是指萱草，孕妇佩戴在身宜生男孩。这两句都是以女子常服常戴之物，暗示她们祈愿未来有好姻缘，渴望一个好归宿。

"鸳鸯有伴谁能羡，鹦鹉无言我自惭。"鸳鸯成双当然是人人羡慕，而笼中鹦鹉沉默无言，无人和它说话。可见闺中女子整日和鹦鹉一样寂寞。

"浪喜游蜂飞扑扑，佯惊孤燕语喃喃。""浪"是徒然的意思。这里是说纵然游蜂扑怀而飞也是空欢喜，孤独的燕子在窗前呢喃而语，她便作势要去惊飞了它，却心下不忍。这两句都是因闺中青春寂寞无聊，而对游蜂飞扑和燕子呢喃产生了某种情感反应。游蜂飞扑显然让人想起了那些好逑淑女的男孩子。有游蜂扑来让她幻觉中感到有男子来追逐求爱，却是一场空欢喜。而一只孤燕呢喃着，仿佛在那里嘲笑她的女儿心思。所以她对窗前呢喃的孤燕有佯作赶走的动作，但孤燕也让她想起独守春闺的自己，所以只是"佯惊"而不是真的去赶它走。

"偏怜爱数蟏蛦掌，每忆光抽玳瑁簪。""蟏蛦"是龟的一种，背甲上的纹路十分细密，与人的掌纹相似。爱数掌纹是想知道自己掌上的爱情线预示着什么样的未来。"玳瑁簪"是指用玳瑁做成的发簪。抽下玳瑁簪的动作在古代是指抽下头上的首饰，作为定情物赠予情郎。所以这两句明显表达了关切自己与情郎未来的结局如何。

"烟洞几年悲尚在，星桥一夕帐空含"，以传说中刘阮遇仙、牛郎织女的男女情事，表现了一种暧昧的青春怀思与寂寞惆怅。

时光虚掷，风流苦谙，包含了一种时光不与、自我调侃的意味。

"独结香绡偷饷送，暗垂檀袖学通参"二句，写小女子情窦初开，把绡绸打成同心结，作为爱情信物偷偷赠送给情人，却因害羞怕人发觉，垂下衣袖故作行礼如仪。

"须知化石心难定，却是为云分易甘"二句让人印象深刻，女子威对望夫石所代表的死守贞节表示疑惑和不甘，认为人生原本聚散无常，对现实中人生离合悲欢应当愉快地接受，随遇而安，找到当下的爱情与幸福。

"看见风光零落尽，弦声犹逐望江南。"眼看女孩子的青春风华渐渐凋落殆尽，却还老是弹奏着《望江南》那样离情伤怀的曲调，怎不令人黯然销魂呢！

事实上，这首七言排律联句诗是一首青春气息浓郁的诗歌，因为是闺中少女以游戏心态所作的联句诗，所以它不必有精心的构思、苦吟的雕饰，不必有文以载道的负担和深刻的思想，完全是一派天真烂漫的随机妙语，很自然地反映出青春期少女对爱情、对人生的好奇和向往。其中，最引人入胜的就是女性对爱情的大胆想象和执着，尤其是她们不愿自我封闭、苦守礼教教条，期待人性的自然伸展，对现世幸福有着大胆的肯定与把握。"须知化石心难定，却是为云分易甘"，这种奇思异想也许只有在唐朝那样相对开放、自由的社会氛围里才听得到。

所以，亲身经历过爱断情殇，对人生与人性有着痛切体验的鱼幼微，毫不犹豫地对少女们的心声表示了赞赏，称赞她们"文姬有貌终堪比，西子无言我更惭"。清代黄周星《唐诗快》中曾经叹息："以光、威、裒三美之才，不得幼微表章，谁知之者？然仅能传其一首耳。因思古今才媛，埋没深闺者何限，安得向掌书仙姬而问之！"他的意思是古今才女不知有多少被埋没了，如果不是鱼幼微的赞美，恐怕这光、威、哀三位才女也会无人得知。

鱼幼微唱和的诗题目很长——光、威、哀姊妹三人，少孤而始妍，乃有是作，精粹难俦，虽谢家联雪，何以加之？有客自京师来者示余，因次其韵。

昔闻南国容华少，今日东邻姊妹三。

妆阁相看鹦鹉赋，碧窗应绣凤凰衫。

红芳满院参差折，绿醑盈杯次第衔。

恐向瑶池曾作女，谪来尘世未为男。

文姬有貌终堪比，西子无言我更惭。

一曲艳歌琴杳杳，四弦轻拨语喃喃。

当台竞斗青丝发，对月争夸白玉簪。

小有洞中松露滴，大罗天上柳烟含。

但能为雨心长在，不怕吹箫事未谙。

阿母几嗔花下语，潘郎曾向梦中参。

暂持清句魂犹断，若睹红颜死亦甘。

怅望佳人何处在，行云归北又归南。

这首唱和之作精彩之处就在于对女性青春的礼赞、对女性生命中的爱情需求持肯定和赞佩的态度。在与同辈姐妹们诗词唱和中，显露出她独特的爱情观。

昔闻南国容华少，今日东邻姐妹三。

妆阁相看鹦鹉赋，碧窗应绣凤凰衫。

红芳满院参差折，绿醑盈杯次第衔。

恐向瑶池曾作女，谪来尘世未为男。

鱼幼微盛赞姐妹三人容貌美丽、锦心绣口、针绣工巧，她们在庭院簪花，堂中传盏，风流娴雅。于是想象她们曾经是瑶池仙子，所以从仙界到人间后没有变成男子。她们如此风流俊雅，若为男儿身则一定会折桂蟾宫、经世济民。女子受到社会束缚太多，纵有千般才能也难于施展，这是鱼幼微心中难以消解的情结。

文姬有貌终堪比，西子无言我更惭。

一曲艳歌琴杳杳，四弦轻拨语喃喃。

当台竞斗青丝发，对月争夸白玉簪。

小有洞中松露滴，大罗天上柳烟含。

三姐妹美如西施，才比文姬，歌喉清艳，琴艺高妙。在曼妙的琴声里起舞，一头青丝如瀑如云，争妍斗艳；白玉簪子在月光下更是清辉粼粼，星光点点。其意境清丽如松针滴露，绰约如绿柳含烟，美不胜收，充满灵气！即使是洞中的仙姑、大罗天上的神女，与之相比也会败下阵来。

但能为雨心长在，不怕吹箫事未谐。

阿母几嗔花下语，潘郎曾向梦中参。

暂持清句魂犹断，若睹红颜死亦甘。

怅望佳人何处在，行云归北又归南。

鱼幼微告诉她们：只要能永远心存爱意，就不怕箫史弄玉那样的爱情不会降临。母亲曾经多次怪嗔女儿在花下所说的痴情话儿，然而那心中的情郎却曾经光顾过她的美妙梦境。只要情郎能来梦中相会，母亲的嗔怪又算什么呢！

仔细读来，这首诗其实反映了鱼幼微自己内心对青春、爱情、幸福的向往和追求。

她在原联句诗中读出了三姐妹放纵不羁的内心情怀和青春梦想，因而在和诗中予以充分肯定。姑娘们花下私语，怀想青春欢爱，是无可指责的。可以说，触动鱼幼微的心思、激发她去写唱和诗的，正是这种女性对爱情、幸福的大胆向往和主动追求。所以最后鱼幼微表达了自己对这三姐妹的钦佩神往之情，说自己手持三姐妹的清丽诗句已是意断魂消，感佩不已。如果能亲眼见到她们的话就是死也值了。可是这些才貌双全的佳人现在在哪里呢？她们就像天上的云一样行踪不定，一会儿去了北方，一会儿又到了南方。

这首诗充分体现了鱼幼微创作七言排律的才能，人们均认为它远超原联名诗的水准。胡应麟在《诗薮》中对鱼幼微此诗评价极高："余考宋七言排律，遂亡一佳，唐惟女子鱼玄机酬唱二篇可选，诸亦不及云。"在唐宋七言排律诗中，鱼幼微两首七言排律名列前茅，这首和诗就是其中之一。

这首诗应当说比较直白地坦露了女性自由追求爱情的心声。千载之后，晚清女革命家秋瑾也因封建包办婚姻而遭遇不幸。她十分喜爱鱼幼微的诗作，她的诗集是她经常翻阅诵读的心爱之书。读到鱼幼微这首次韵和诗后，她非常赞同她对知音之爱的勇敢追求，也写下了一首诗《偶有所感用鱼玄机步光、威、哀三女子韵》。

诗中写道：

> ……
>
> 文游薄俗情都倦，世路辛酸味久谙。
>
> 绿蚁拼将花下醉，《黄庭》闲向静中参。
>
> 不逢同调嗟何益？得遇知音死亦甘。
>
> 怅望故乡隔烟水，红牙休唱《忆江南》。

这位身不得男儿列，心却比男儿烈的秋瑾，可谓是鱼幼微千年之后的知音了。

汾川雨，晋水春

在咸通初年，李亿到了山西太原，入河东节度使刘潼府。这次旅程是如此之远，李亿没有带裴氏上任，而是与鱼幼微同往。在太原，李亿很受刘潼的重视。

在这期间，对李亿和鱼幼微来说是一生中非常美好、非常难忘的时光。那时正是三月春日，细雨飘洒，百花绽放，汾川晋水间到处是一派清新气象。李亿、鱼幼微携手而行，一起听歌看舞、游山玩水，逍遥自在。主帅刘潼和幕僚的关系也十分融洽。尤其刘潼对鱼幼微的美貌与才气十分欣赏，常常让人邀她一起出游，还让人送给她不少衣食清玩。

这段日子，她的心情是轻松愉快的。写下了《夏日山居》诗：

> 移得仙居此地来，花丛自遍不曾栽。

庭前亚树张衣桁，坐上新泉泛酒杯。

轩槛暗传深竹径，绮罗长拥乱书堆。

闲乘画舫吟明月，信任轻风吹却回。

遍地野花不用人去刻意栽培就已开得十分绚丽，仿佛是仙境中的琼花瑶草一般。庭院前的树木虽不高，但枝繁叶茂，那四下伸张的树枝正好作晾挂衣物的天然横竿，新引入院内的山泉环曲回流。她与朋友常在此欢聚宴饮。"坐上新泉泛酒杯"出自《晋书·束晳传》："昔周公成洛邑，因流水以泛酒"，魏晋文人常玩这种叫作"曲水流觞"的风雅游戏。即置酒杯于环曲之水上，任其顺流而下，停于何人面前，此人即取饮一杯。鱼幼微用此典以表闲逸快意的心情和高雅不俗的文人情趣。

鱼幼微身着绮罗裙衫，常置身于随意堆放的书籍当中吟诗诵经。她还常常乘坐画舫月夜出游，吟诗作赋，在习习轻风中踏上回程归途。诗中的夏日山居生活清幽闲雅，富有诗情画意。

在居山西太原期间，鱼幼微以她的容貌、举止、才思赢得幕府众人的青睐。她与刘潼及其他幕宾也多有诗文交流，成为让李亿脸上有光的交际红人。在众多新结识交往的友人中，就有一位叫左名场的年轻士子。

那是一次雨夜的宴会上，刘潼和一班文人墨客饮酒作诗。鱼幼微在席间弹罢一曲琵琶后，主动做了监酒，让文人们赋诗联句。这时，她端着一瓯清酒来到一位风度潇洒的年轻公子面前。这位公子就是左名场。

他长得眉目俊朗，气宇轩昂，虽也是读书人却并不迂腐。在酒席上，这左名场也对才貌双全的鱼幼微青睐有加。后来因机缘所致，这位左公子和鱼幼微竟又在长安重逢，成为无话不谈的挚友。不过这已是后话了。

与彬彬有礼、略显文弱的夫君李亿比起来，左公子显得洒脱爽朗。他谈吐幽默，不拘一格，让鱼幼微感到耳目一新，颇为欣赏。她为左公子斟满酒后，自己先饮尽了，然后说道："小女子先干为敬，请公子满饮此杯。"左名场端起酒来一饮而尽，呵呵一笑："多谢嫂夫人美意！"

然后他朝李亿说道："不知李亿几世修得的福分，竟然娶了这样一位天生丽质、诗文俱佳的才女名媛。让我们这幕府中一班文人墨客无不艳羡！"

李亿听了颇为自得，看了身边的鱼幼微一眼，目光满是宠溺和得意。幼微脸儿一红，忙举起酒樽起身向节度使刘潼敬酒。刘潼举樽而饮，笑问："幼微啊，如此好酒好宴，何不即席赋诗一首？"

鱼幼微很是感谢刘潼的热情慷慨，为此即席赋诗《寄刘尚书》：

> 八座镇雄军，歌谣满路新。汾川三月雨，晋水百花春。
> 囹圄长空锁，干戈久覆尘。儒僧观子夜，羁客醉红茵。
> 笔砚行随手，诗书坐绕身。小材多顾盼，得作食鱼人。

"食鱼人"意即门下的宾客。"食鱼"出自《战国策·齐策》中孟尝君门下的食客冯谖弹铗而歌无鱼无车的典故，比喻幕宾受到重视、优待。鱼幼微在诗中以"小材"称李亿和自己，感谢刘尚书对他的重用，"得作食鱼人"。

后来，李亿离开河东幕府回京，鱼幼微随他返回长安。

若干年后，鱼幼微还在忍不住怀念这段时光："晋水壶关在梦中"，"王屋山前是旧迹"。可惜，物是人非了。

感怀寄人　鱼玄机

恨寄朱弦上，含情意不任。
早知云雨会，未起蕙兰心。
灼灼桃兼李，无妨国士寻。
苍苍松与桂，仍羡世人钦。
月色苔阶净，歌声竹院深。
门前红叶地，不扫待知音。

第四章
女道士：
入道咸宜观

幸福总是短暂的。这个时候的她变成了咸宜观里的一位女冠道士，名唤鱼玄机。一身霞帔道袍的鱼玄机开始了全新的生活。

君心似，东流水

李亿和鱼幼微在山西太原共渡了快乐的时光，然后两人一起回到长安。

夫人裴氏最终得知此事，醋意大发，竟也乘船带着家人仆妇不顾路遥，一路溯江北上，做了许多的旗鼓阵仗给幼微看。

鱼幼微只是沉默，你坐稳你的李夫人宝座就好，何苦来这样虚张声势？她当然知道，以自己的家世根本无法与李亿这位正室夫人相比的。裴氏娘家是名门望族，在朝中也是颇有势力。虽然唐朝是女性地位很高的一个朝代，但根深蒂固的门阀观念没有改变，社会通婚极受这种门第观念影响。裴氏一族将相频出，高官如云，居住在东西两京的官员数以百计。李亿虽登第攀龙，其实十分惧内。裴家门第显贵，李亿登第为官，背后显然有裴氏家族的支撑。

这实是唐朝官场的风气使然。在唐代的中上层官员中，不少人把能和当时的名门望族通婚作为一大荣幸，刚刚踏上仕途的李亿自然也是如此。岂止是李亿这样的朝中新贵要攀附高门？唐朝宰相薛元超就曾对身边亲信说："吾不才，富贵过人。平生有三恨，始不以进士擢第，不娶五姓女，不得修国史。"身居相位的薛元超以未能和五大姓之女通婚作为平生憾事之一，足见门第婚姻观念浓厚之甚。

男女之间的感情和婚姻问题变成社会政治问题，牵扯到利益关系。当时科举选拔制度使得像李亿这样的庶族子弟有了翻身机会。但是庶族子弟通过科举考试获得一定地位之后，为了求取仕途顺利，常常攀附士族女子，门第不好的女子是不可能被选为婚姻对象的。

唐代小说《莺莺传》中，莺莺本来是有一定身份和地位的小姐，遇到赶考的穷书生张生，怦然心动，一见钟情。她为了爱情冲破重重阻力。但是张生考取功名后却抛弃了莺莺，娶了当时名门之女韦氏，这样始乱终弃的结局自然让人难以接受。但是，按照当时人们门第婚姻观念，张生的选择却无可指责，为时尚所趋，甚至是人间正道。正如陈寅恪说："若莺莺果出于高门甲族，则微之无事更婚韦氏。惟其非名家之女，舍之而别娶，乃可见谅于时人。"

《霍小玉传》中的霍小玉与李益相恋时，自陈"妾本倡家，自知非匹"，也为后来李益薄情离去埋下伏笔。

鱼幼微与李亿其实也正是这几个著名薄情故事的翻版。鱼幼微出身寒微，深知自己无法与考中状元的李亿相匹配，但是又深爱着他不能自持。她唯一的愿望就是依靠自己的美貌和才情留住李亿。然而，唐代看重女子所谓的"才学"更多，不是在于个人才华的出类拔萃，而是一个女子为人媳、为人妻、为人母的"妇德"要求。作为媳妇，首先要孝顺公婆，善理家政。作为妻子，她们要能够鼓励丈夫发奋图强、建功立业。作为母亲，她们担负着养育子女和道德教育的责任。

唐朝对于妻妾地位差别在法律中就有明确规定。《唐律疏议·户婚》云："诸以妻为妾，以婢为妻者，徒二年。以妾及客女为妻，以婢为妾者，徒一年半。各还正之。"可见妻、妾、婢有严格的等级区别，违者竟判徒刑！

在那个时代，妻子是由父母之命决定的，一般是将门当户对的女子明媒正娶，而妾则由丈夫喜好决定，命运完全由丈夫掌控。妾在家庭中没有地位和尊严可言，只是丈夫的附属品。丈夫可以把妾当作物品随意赠送或买卖。在唐代一夫一妻多姬妾的婚姻制度下，纳妾是合乎道德和法律的，受到法律保护。妾通常是与丈夫和正妻住在一起，和正妻共同侍奉丈夫，即使得不到宠爱，毕竟还是家庭中"在编"的正式成员。还有一类女性的地位甚至连妾都比不上，这就是"外宅妇"。她们也称作"妾"，但是她们是不合法的、游离于"丈夫"家庭之外、养在别处的伴侣。外宅妇与妾相比，地位更为卑微，没有任何名分、没有保障。

鱼幼微就是比妾还要低微的外宅妇，她内心最大的忧虑就是被李亿抛弃。正因如此,裴氏能够理直气壮地压幼微一头。根据《唐才子传》,李亿因为夫人对鱼幼微"妒不能容",遂将鱼幼微遣至咸宜观入道。

鱼幼微后来在咸宜观入道一事,在宋皇甫枚的《三水小牍》中是这样说的:"破瓜之岁,志慕清虚。咸通初,遂从冠帔于咸宜,而风月赏玩之佳句,往往播于士林。"他说是鱼幼微自幼即爱读道家典籍,向往神仙道术,所以就在咸通初年进入咸宜观成为女冠道士。

笔者以为,鱼幼微可能天性中有亲近道教学说的一面,但真正成为女冠道士可能还是因为婚姻不遂。

裴氏见丈夫去京多时仍不来接自己,于是三天两头地来信催促。无可奈何,李亿只好亲自去接家眷。那时从长安至江陵,往返一趟需数月时间。而李亿此次出仕又有一番会亲宴客、上坟祭祖的活动,耽搁了几个月。

鱼幼微独守空房大半年,一直等到次年暮春时分,才得知李亿已携妻来到长安。这让她有几分兴奋,也有几分紧张。兴奋的是,终于有机会见到李亿家人;紧张的是她不知裴氏个性为人,唯恐言辞举止不当,失了礼数不说,更让李亿为难。

她辗转反侧,好几夜没睡好,私下里早已想好,为了李亿,自己宁愿委曲求全,决不冲撞裴氏。然而,她没想到自己根本没有机会。

李亿原配裴氏出身世家大族,自恃门第高贵,原本并不将幼微放在眼里。她也并不相信李亿真的会把鱼幼微当回事,敢把她娶回家来。男人嘛,玩两天腻了自然会一脚踢开,最后还得回到家里。他的仕途前程还要指望裴家老丈人呢。尽管一路上李亿赔尽了小心，劝导妻子裴氏接受他的偏房鱼幼微，可这裴氏一点也不松口。

但是不久，她凭一个女人的直觉，发现李亿对那个鱼幼微还真的动了感情，有点依依不舍的感觉。她几个月前曾经安排人前往江陵，私下见了鱼幼微一次，发现这幼微还是那个什么"温钟馗"的女弟子，品貌才学出众。更重要的是，这小姑娘有才有貌还罢了，个性还掐尖好强。这未免让她感到不快甚至反感。若是李亿真的把她娶回家来，这一山难容二虎，哪有个安宁的日子过？

所以，裴氏早在心里定下了章程，决不能让这狐媚女子进家门，更不能让她和李亿长厮守下去。裴氏看着貌美如花的鱼幼微，咬牙切齿地对李亿说："你不把这个女人打发走，我是无论如何不会进你李家的门。"

李亿无可奈何地看看裴氏远去的轿子，又看看幼微，不知所措。鱼幼微面色灰青，黯然失神。闹到这个地步，她永远不要想跨进李家的大门了。

那是一个下着淅沥春雨的日子，幼微听到门外有人在吆喝。刚一开门，一群人闯了进来，二话不说就朝着屋内奔去。幼微想冲到前面去拦住他们，一个男人抓住她的胳膊，把她甩到了外面。这群人在屋内一通打砸。鱼幼微听到了桌椅倒地的声音，听到了花瓶碎裂的声音，也听到了书籍被撕破的声音。最后，倒在地上的她看到他们扬长而去。屋里屋外狼狈不堪，家仆丫鬟们已经被赶走，空荡荡的宅子只剩下鱼幼微一个人。

几天后，李亿回来了，脚步凌乱，目光散乱。他带回来的是一纸休书。原来，李亿实在拗不过裴氏，只好写下了一纸休书，要将鱼幼微扫地出门。

文弱胆怯的李亿也很无助。这是在京都长安，他没有能力保护深爱的女人。

可是，李亿又不愿意从此彻底地失去幼微。毕竟他是深深爱过这个女子的，两人还共同度过一段还算美好的时光。

于是，李亿表面上与鱼幼微一刀两断，暗地里出资修葺在曲江一处僻静的道观——咸宜观，并捐出一笔数目可观的香油钱，然后把鱼幼微悄悄送进观中。

在前往咸宜观的马车里，李亿握着她的手，看她脸上满是泪痕，便拿出手帕替她擦干净了。李亿拥她在怀里，却默默无语。鱼幼微多想听他说一句宽心的话，可是等到的只是哒哒的马蹄声。鱼幼微不哭了，静静伏在李亿的胸口，听他说："幼微，别怕，我们还会在一起的。再给我点时间。"声音从他的胸口传出来，显得格外的深邃和遥远。

鱼幼微的心不禁一阵酸疼。马车停了，李亿携了她的手下来。鱼幼微抬起头，只见眼前一个高大山门上面写着三个苍劲古朴的大字"咸宜观"。她的心忽地跳了一下：这里就是她未来的归宿？

咸宜观是长安一所著名道观。地处长安东城朱雀门大街之东的亲仁坊，紧邻繁华的东市，北面隔一坊就是青楼聚集的平康坊。那里是鱼幼微长大的地方。

李亿让鱼幼微暂且安居咸宜观，说这只是权宜之计，等他劝得裴氏，一定来接她团聚。

咸宜观朱门缓缓打开，她走进这座陌生的庄严道观。咸宜观观主是位年迈的道姑。她看看容貌殊丽的鱼幼微，轻轻叹了口气，提笔在雪白宣纸上写下"玄机"二字，慢慢说道："老道就为这位新来的女冠取法名'玄机'了。"

鱼幼微走上前去，扶纸细看时，隐隐感觉那两字中似蕴有命运莫测的无穷玄奥。她回头看看师父："这是何意？"

师父扬起拂尘说："人生命里自有玄机，无须抱怨。只望你入道后了却红尘俗务，潜心向道，修炼身心。"

李亿拱手拜谢，师父拱手回礼："不必谢我。"

幼微却面色苍白，沉默无语。从今天开始，她便是这座道观的女冠子。甜蜜恩爱的日子才多久，却被丈夫亲自送到道观来。她不知这是怎样的玄机，又该怨谁。她这样一个正当青春年华、心比天高的女孩子，又岂甘孤伴青灯做一世道姑？

临别时，李亿抓住她的手说："幼微，委屈你暂且忍耐，日后必有重逢之日。"说这话时，他脸上满是深情和不舍。幼微不知他是真心还是假意，挣脱了他的手，冷冷一笑："你走吧，从此我便是鱼玄机，不再是你的幼微了。"

李亿叹了口气，拉着她的手说："幼微，送送我吧。"她低下头，终于还是送他出观。夕阳圆黄地挂在西边，霞光涂满了半边天空，四周紫薇花开得如火如荼。

"幼微，我会回来找你的！"他坐在马车上回头朝她招手。幼微看着他的身影终于在夕辉中渐行渐远，消失在她望不见的柳树林子里。

幼微脸上渐渐凝成一丝冷笑。她心底开始隐隐有个预感，那个男人的话并不可靠。属于她的那份情缘终将化作一片虚无。这个男人还期望着裴氏家族带给他荣华富贵呢，当初的山盟海誓和无限温存早就烟消云散了，两人的姻缘也许至此就戛然而止。幼微啊幼微，你为何命薄至此。

耳畔，隐隐响起一阵缠绵的歌声，那是让她无数次伤怀的一首《菩萨蛮》：

> 玉楼明月长相忆，柳丝袅娜春无力。门外草萋萋，送君闻马嘶。　画罗金翡翠，香烛销成泪。花落子规啼，绿窗残梦迷。

她看着天空中的一轮圆月，白得令人心寒，像是蒙上了一层薄薄的雾气，始终挥散不去。更像极了她刚刚失去的爱情。

伴青灯，和泪吟

> 井底点灯深烛伊，共郎长行莫围棋。
> 玲珑骰子安红豆，入骨相思知不知？
> ——温庭筠《南歌子词》之二

凉风起，白露生，秋蝉鸣。朱弦已断，红颜渐老。

拔去玉簪、凤钗、金步摇，如瀑秀发挽成了道髻，蛾眉盛装改作了缁衣素颜。站在咸宜观的池塘前，鱼玄机看到了水中自己的倒影，容颜依旧，只是神色中多了凝重，多了成熟。

在道观的最初日子里，鱼玄机一次次想起过去，她想李亿，也想温庭筠，淡淡的风，凉凉的月，虫子的呢喃，如风一样迅速闪过的日子……小堂深静无人到，满园秋风，惆怅墙东，昏黄的道观灯光下，鱼玄机默默地注视着无边黑夜，内心掠过的是无尽的凄凉和伤感。

谁能想到呢？当年人称"长安诗童"的小女子鱼幼微，如今已成了咸宜观中的一名与孤独寂寞为伴的女道士。

道教以"道"为最高信仰，以黄老道家思想为理论根据。东汉末年出现了大量道教组织，在魏晋南北朝时期渐渐昌盛。到了唐代，李唐王朝倡导尊崇道教。贞观年间，唐太宗曾下诏道士女冠的地位在僧尼之上。唐玄宗时，更大规模地提倡和扶植道教，所以道教一时极盛。

为了扶持道教，鼓励更多的人入道，唐玄宗颁布了不少优惠政策，其中有道士给田三十亩，女冠给田二十亩，而且免除赋税徭役等规定。此外，作为女冠，还可以脱离父权、夫权的羁绊，借求仙访道游历洞天福地，借给人诵经讲法的机会自由地结交异性。最后，还能去病禳灾，祈求长生……

不过，入道是有门槛的。最起码要识文断字，必须要精通《老子》与《度人经》。所以唐朝女冠数量很少。而且入道必须要由政府批准，领取由尚书省祠部颁发的度牒，才算成为合法道士、女冠，称为正名道士。

事实上，离开李亿，没有经济来源的鱼玄机就会陷入生活困境。无奈之下，她只得接受了李亿的安排，选择入道。好在才貌双全的鱼幼微符合条件，正式成为咸宜观的女道士。在朝廷对道教的优惠政策之下，托身道观最起码能解决基本的生存问题。而且道观也是个修身养性之地，玄机也希望通过道教生活来疗养她受伤的心灵。所以对于当时的玄机来说，入道不失为一个很好的归宿。

但鱼玄机刚开始对这样的生活是不满的，她的《和人》一诗就表明了生活的困顿与无奈：

茫茫九陌无知己，暮去朝来典绣衣。
宝匣镜昏蝉鬓乱，博山炉暖麝烟微。
多情公子春留句，少思文君昼掩扉。
莫惜羊车频列载，柳丝梅绽正芳菲。

由于孤身一人，世路崎岖，鱼玄机生活陷入了困顿，甚至到了靠"典绣衣"来维持的地步，所以在诗中流露出希望"多情公子"能"莫惜羊车频列载"。这里用的是晋武帝司马炎羊车巡幸的典故。《晋书》记载："（武帝）并宠者众，帝莫知所适，常乘羊车，恣其所之，至便宴寝。宫人乃取竹叶插户，盐汁洒地，而引帝车。"说是的晋武帝司马炎后宫佳丽众多，他不知道该去哪个嫔妃宫里。于是就乘坐一辆羊车，随兴到处游逛，羊车停在哪里就去哪个妃子宫里。于是一些宫女就用竹枝插在门口，地上洒上一些盐水。羊儿喜吃有盐味的草便往往停在这家门口。鱼玄机用"羊车巡幸"的典故，希望李亿不要只顾着裴氏，还要经常到观里来看看自己。

这里的"柳丝梅绽正芳菲"既写时景，说当前正是柳丝轻拂、梅花初绽的早春时节，希望李亿能经常来看望自己，同时也是暗喻自己年华正盛，如花绽放。

身在道观，鱼玄机把满腔愁情寄托在诗文上。而李亿把鱼幼微寄养在咸宜观，本意也是要寻机前来幽会的，却无奈妻子裴氏管束极严，裴家势力又遍布京华，李亿不敢轻举妄动，所以不曾到咸宜观看望过鱼玄机。

道观的生活是清冷寂寞的。让她难以忍受的是情感上的孤独

和寂寞,哪怕是邻家的丈夫回家团聚了,也会让她感到失落和悲伤。她在《闺怨》中叹息:

> 蘼芜盈手泣斜晖,闻道邻家夫婿归。
> 别日南鸿才北去,今朝北雁又南飞。
> 春来秋去相思在,秋去春来信息稀。
> 扃闭朱门人不到,砧声何事透罗帏。

蘼芜是一种香草,可以做香料。古人认为服食蘼芜可以多生儿子。汉乐府诗《上山采蘼芜》有云:"上山采蘼芜,下山逢故夫。长跪问故夫,新人复何如。新人虽言好,未若故人姝。"所以,后世又借蘼芜指被休弃的女子。夕阳西下,鱼玄机手捧蘼芜,眼看着邻家为夫婿归来欢呼雀跃,自己却因无人顾念而泪落青衫。孤独地蜷缩在小屋子里,那连绵不断的捣衣声都听得是那么清晰。

到了秋天,她更是时常在寂寞和痛苦中煎熬,这首《秋怨》中弥漫着悲苦。

> 自叹多情是足愁,况当风月满庭秋。
> 洞房偏与更声近,夜夜灯前欲白头。

萧飒的秋夜里,灯火摇曳,影影绰绰,她一腔心事,无法入睡。窗外传来一声声格外清脆的打更声,让鱼玄机夜夜失眠,几乎一头青丝渐生白发。

她的这些诗真切抒写了她的生命体验。生存的苦难,情感的困惑,无路的彷徨,是她作为生命个体最真实的心灵体验,是她最丰富、最美丽的生命风景，是她内心世界所感受到的一种切肤之痛。

鱼玄机朝思暮想，了无李郎音讯，只有把痴情寄托于诗中，又写了一首《情书》：

> 饮水食檗志无功，晋水壶关在梦中。
> 秦镜欲分愁堕鹊，舜琴将弄怨飞鸿。
> 井边桐叶鸣秋雨，窗下银灯暗晓风。
> 书信茫茫何处问，持竿尽日碧江空。

这首诗中体现着鱼玄机对与李亿相爱时那些日子的深深怀恋。

与李亿一起游玩的每一个情景都鲜活地出现在她脑海里，既熟悉又遥远，又好像是在梦中，今昔对比，让她怀疑那幸福是否真的存在过。

诗中"饮冰""食檗"，即指喝冷水、吃苦物。"檗"指黄檗，是一种落叶乔木。木材坚硬，树皮入药，味苦。"食檗"比喻处境困苦，心情抑郁，也形容生活清苦。这里比喻将远行时内心的焦虑与痛苦。"志"是愿意、决意，"无功"是不求有功的意思。"饮水食檗志无功"，说的是鱼玄机历经艰辛却一无所获，决意顺应自然。"晋水壶关"两个地名借指与李亿在山西太原在一起时快乐的日子，午夜梦回，魂牵梦绕。

"秦镜欲分"用的是陈后主妹妹乐昌公主与丈夫徐德言破镜重圆的典故，玄机希望自己也能如乐昌公主一样幸运。"愁堕鹊"含牛郎织女每年七夕经由鹊桥相会的神话故事，"愁"用"堕"表达出她担心夫妻一旦分离后，连像牛郎织女那样一年一度的鹊桥相会都不能实现。

"舜琴"是指帝舜弹奏的五弦琴。《淮南子》有云："舜弹五弦之琴，歌南风之诗，而天下治。"但是玄机诗意在指帝舜首先能够修身齐家，能够使家庭和睦。据刘向《列女传》等书，帝舜有一妻一妾，即娥皇、女英，均为帝尧之女。"舜琴将弄怨飞鸿"，玄机希望李亿能处理好妻妾关系，使家庭和谐。她的希望是美好的，但现实是残酷的，她只能埋怨飞鸿为何还未传来书信。井边的梧桐树叶被秋雨打湿，滴答作响，窗下的烛火在晨风中渐渐暗淡。鱼玄机又是一夜未眠。

"书信茫茫何处问，持竿尽日碧江空"，书信越来越稀，音讯渐无，李亿离她越来越远。整天持着钓竿在澄碧的江边也一无所获，眼前只见江天一色，碧水茫茫。诗中"持竿"者何人并未明说，但持竿江边垂钓者一无所获，"鱼"已越游越远却是眼前的现实。想来她是想告诉这位持竿者：如果再无书信往来，鱼儿恐怕永远到不了他的手中了。这个"鱼"就是她鱼幼微的"鱼"吧！

明代文人钟惺读过这首诗后，称赞此诗"缘情绮靡，使事偏能艳动，此李义山能为之，而玄机可与之匹"。他将鱼玄机的诗与李商隐的诗相比，说她的诗写情意缠绵悱恻，用能让人感动肺腑，这原本是李商隐的笔下功夫，鱼玄机如今可以和他媲美了。

这真是"此情可待成追忆，只是当时已惘然"！她的诗写成后，都无法捎给李亿，鱼玄机只有把诗笺抛入曲江中，任凭幽情随水空流。

独具伤感与悲凉气质的她咀嚼自身经历诸多痛苦。春夏秋冬，风花雪月，离愁别恨在她心中都融于这些惆怅愁苦的文字中。

鱼玄机的精神世界，就是一个生与苦、情和愁、探索与超越交织的忧伤的世界。

这时，闻知鱼玄机际遇的温庭筠长叹一声，却又无能为力。他只得写下一首《菩萨蛮》：

> 夜来皓月才当午，重帘悄悄无人语。深处麝烟长，卧时留薄妆。　　当年还自惜，往事那堪忆。花露月明残，锦衾知晓寒。

皓月当空，重帘悄悄，美人淡妆而卧，半夜独眠。深闺里幽静异常，悄无人声。室内一切都是暗淡的，只有麝香亮着一点星火，袅袅麝香更增静谧幽深之感。"夜来皓月才当午"，一个"才"字，显示了女主人公从夜晚直到午时都不曾入睡，深感夜长难熬、时光漫长。只有心怀愁思的人长夜难眠，才知夜晚的漫长难耐。

这时，她却望着乍到中天的那轮明月，思绪悠悠，想到当年的那些如烟往事，想到那些过往岁月，想到曾经的年少时光，心情复杂，无法成眠。然而眼前恰是花凋露残，月明如水，寒夜孤独，唯锦衾能知。

"当年还自惜，往事那堪忆。"当年的什么事情让"她"或是让"他"不堪回首呢？梦里，她来了，红唇皓齿，妩媚伶俐。她倚着一株怒放的紫薇，表情诡异地看着他，她的脸孔交替，一会儿是七八岁的女童，一会儿是十四五岁的少女，忽而又变成浓妆的道姑。猛然间，一双涂了鲜艳蔻丹的手捧出一颗跳动的心来，直逼到他的鼻尖："您看，我的心这样滚热，您竟不要么？"

两鬓微霜的男人"忽"地惊坐而起，涔涔的冷汗浸湿了后背，他掌灯望向书几，望向轩窗，月色如水，空自茫茫。

身在道观的鱼玄机又想起了温庭筠，她经常作诗寄给温庭筠，一如当初还是师徒时候的情形。鱼玄机给温庭筠写下了一篇《感怀寄人》：

> 恨寄朱弦上，含情意不任。
> 早知云雨会，未起蕙兰心。
> 灼灼桃兼李，无妨国士寻。
> 苍苍松与桂，仍羡世人钦。
> 月色苔阶净，歌声竹院深。
> 门前红叶地，不扫待知音。

"早知云雨会，未起蕙兰心"这是她内心挥之不去的叹息。"云雨会"般的相聚不可能激发她那如同蕙兰般想要绽放的心。早知道李亿能给自己的不过是暂时的云雨之爱，那么当初就不会全身心去爱了。自己早该明白，有了肌肤之亲，不见得能永结同心。空有悠长情思，唯有寄恨朱弦。

世人大概以为只有苍苍松桂是品质高洁清远的象征，可是很多艳若桃李的女子也渴望得到具有国士般品质的爱人，也渴望他们对世间痴情女子报以"士为知己者死"般的爱。可是现实让她很失望，只得重新整理心情。月色如水，苍苔映阶，寂寞的竹林院落里歌声隐隐。门前红叶满地也无心打扫，只因她在等待真正的知音叩响门扉。

是的，面若桃花、颇具才情的鱼玄机要等待的，是人人称羡的具有松桂般气质的无双国士，是懂得尊重女性人格、欣赏她的才华的知音。

温庭筠给鱼玄机回诗一首《鄠郊别墅寄所知》：

> 持颐望平绿，万景集所思。
>
> 南塘遇新雨，百草生容姿。
>
> 幽鸟不相识，美人如何期。
>
> 徒然委摇荡，惆怅春风时。

平野新雨，百草丰茂。幽鸟啁啾，春思渺然。温飞卿在思念远方的美人，在惆怅中叹息她的际遇。

每每能接到飞卿的书信，鱼玄机就激动不已。总要把信笺仔细摩挲半天，眼前依稀见到了恩师模样，就连睡觉时也忍不住再拿出来吟咏。

于是，她起身又写下一首步韵唱和诗《和友人次韵》：

> 何事能销旅馆愁，红笺开处见银钩。
>
> 蓬山雨洒千峰小，嶰谷风吹万叶秋。
>
> 字字朝看轻碧玉，篇篇夜诵在衾裯。
>
> 欲将香匣收藏却，且惜时吟在手头。

孤旅途中尤感萧索。她拿着温庭筠的诗一遍遍诵读，昼夜不歇，又想放入檀香木匣小心收藏，又想握在手上时刻细看……

千帆尽，水悠悠

话说冬去春来，三年时光就这样默默流走了。

清晨，咸宜观在晨雾里若隐若现。几丛修竹掩映着云房，鱼玄机整日品茶读书，打坐修道，同山花为伴，与经书为友，或者帮师父炼炼丹药，尽力排遣内心寂寞与愁闷。

有天温庭筠来咸宜道观里看她，两人结伴游湖。温飞卿此时已近年半百。这些年他在襄阳、江陵、长安等地流转，仍旧恃才不羁，言语多犯忌讳，开罪权贵，不得志。《新唐书》说温庭筠"薄于行，无检幅"。咸通四年（863），温庭筠因穷迫乞于扬子院，醉而犯夜，竟被巡逻的兵丁打耳光，连牙齿也打折了。他将此诉于令狐绹，令狐绹并未处置无礼之兵丁。后来得到宰相徐商的帮助，为自己讨得公道，并于咸通六年（865），出任国子助教。次年，以国子助教主持国子监的考试，达到了一生仕途的顶峰。此外，除了诗词曲赋，别无成就。

鱼玄机问温飞卿：今天来访，莫非是有何要事？温庭筠想了想才下定决心似的抬头告诉她：其实两年前，李亿已经携夫人裴氏一起外放扬州了。鱼玄机忽然感到一阵眩晕，一边的小道姑忙扶住她。良久，她才稳定了心神：原来他早已携带娇妻出京，远赴扬州任官去了。难怪三年时间竟毫无音讯！

这一天终于到来了。他终于做出了最后的选择，彻底抛弃她了。

这对鱼玄机无疑是一个沉重的打击，那位李亿走时居然连消息都不透露一声。她顿觉天空坍塌下来，自己被人无情抛弃了。

自古红颜命如草芥，空将一腔情意付之东流。这些年里，她没有停止过对他的想念，经历多少爱过又恨、恨过又爱的煎熬。倍感寂寞时，她写过许多相思的诗篇，却无有寄处。

她假装低头饮酒，忍住差点涌出的眼泪。良久，她才整理好心情，轻声对身边的温庭筠说："弹首曲子吧，飞卿，随便哪首。"

他站起来，取过随身带来的琴，整了整衣服坐下，在琴弦上轻轻试拨了几个音符。

"幼微，你要想开些。我给你弹一首我新填的《女冠子》。"

女冠子是专写女道士的词牌。玄机心中一动，凝神细听。乐声于细微无声处悄悄扬起，渐渐清丽明晰如泉水叮咚，如林间鸟雀清鸣。他边弹边唱：

> 含娇含笑，宿翠残红窈窕。鬓如蝉，寒玉簪秋水，轻纱卷碧烟。　雪胸鸾镜里，琪树凤楼前。寄语青娥伴，早求仙。

女道士含着娇态，含着笑意，翠眉已薄胭脂淡，脸上虽是昨夜残妆，却依然美丽娇媚。她青丝鬓发轻如蝉翼，身姿窈窕动人。头上的绾发玉簪寒如秋水，身边的帷幕轻纱如卷碧烟。坐到梳妆台前，鸾镜中的她微露一抹如雪的胸脯，轻衣薄裳，肌肤胜雪，美丽性感；站在凤楼前，她亭亭如玲珑玉树，袅袅如弱柳扶风。

其实在字里行间可以看出，词中的这位女道士虽然在道观修行，却心中情缘未了。最后两句"寄语青娥伴，早求仙"却显出温庭筠的一片苦心。他是希望鱼玄机潜心修道，珍惜羽毛，早脱凡尘。

鱼玄机听了轻轻一笑，呷了口酒。没有再说什么。

"过尽千帆皆不是，斜晖脉脉水悠悠。"三年的等待竟是一场空。曾经心比天高的鱼幼微，现在只是一个被玩弄的弃妇！

这一连串的打击，使鱼玄机痛不欲生。很久以来，鱼玄机一直说服自己，那个男人一定会来找她的。无论鱼玄机对李亿多么一往情深，哪怕她以匍匐的姿态泣泪哀求，他终究将她遗弃了。现在终于彻底清醒了：真是郎心如铁，竟无情如斯！

她失败了，一败涂地。那个男人最终屈服于现实。

在冷冷清清的咸宜观中，唯有一盏青灯相伴。青灯幽幽，风中烛影摇曳。她看着铜镜中的自己，莫名悲哀，这一天终于还是来了……

在极度痛苦和孤独中，她慢慢看透了人世的炎凉。事实上，今天的结局似乎早已注定。唐代法律这样规定："人各有偶，色类须同。"意思是人必须跟自己同等身份的人结婚，而不同身份的人通婚，将遭受律法的惩罚。到了中晚唐，社会政治形势的发展使得皇族不得不重新对几个旧贵族妥协。《新唐书》载唐文宗就这样感叹："民间修昏（婚）姻，不计官品而尚阀阅。我家二百年天子，顾不及崔、卢耶？"连天子都向故旧贵族屈服，何况李亿？一名进士子弟是不可能不顾及自己前程的。

无论对于贵族士子，还是庶族士子，要想金榜题名，要想在仕途上有所作为，门第婚姻将是一个有力的工具。贵族子弟自然希望强强联合，即使是庶族，也希望能借由婚姻进入上层社会，进而发展自己的仕途。李亿正妻裴氏为名门望族之女，是他仕途的一个有力支援，他是绝对不可能为了鱼幼微放弃大好前程的。

李亿回到了正常的社会轨道，却留下了无路可走的鱼幼微。鱼玄机的这场赌局从开始就注定失败。

后来，鱼玄机就再也没有见过李亿，那一次送别就是此生的永别。

据说有一天，道观外传来哭泣声。玄机忙出门去看，只见一个十一二岁的女童，生得聪明伶俐，眉清目秀。只是衣裳破旧，手中紧攥着一只翠玉步摇。

她蹲下身来问女孩为何哭泣。女孩见玄机面色和气，便停止了哭泣，说自己家道中落，父母双亡，不知何去何从。玄机怜爱地抚摸了一下女孩的头，问她："以后就住在这道观里，跟在我身边可好？"女孩乖巧地点点头。

玄机问："你手里拿的这支翠玉步摇是谁的？"女孩答说："这是母亲临死前给我留下的。"玄机拿过那支步摇，插在女孩尚未长密的头发里，然后歪头左右看了看，笑道："嗯，很好看。弯弯翘翘的，我就叫你绿翘吧。"

女孩很高兴地点头说："谢谢道姑姐姐，我就叫这个名字，绿翘。很好听，我喜欢。"从此，绿翘便跟在鱼玄机身边。她为人很是机灵乖觉，知冷知暖，很受玄机喜欢。

一日清晨，绿翘为玄机梳头，说："你这么美，应有个男人好好与你相爱。"

玄机问她："绿翘你跟我时才十二岁，这些时日又与我在道观里清苦度日，你可知什么是相爱？"

绿翘嘟着嘴答道："我可不知什么是相爱。我只知如果那位与你鸿雁往来的男子写来的信，若有你写去的多，或者更多，那便是有了与你好好相爱的人了。"

玄机不作声，轻轻地抚过桌上那个檀香木盒，叹息了一声，轻轻说："天下男子，我最喜他的文才。少时，这位才高貌丑的奇男子曾带我参加了一个诗文聚会，那些及第书生多得意，于墙上题词，一个比一个酸腐。可笑的是，他们竟仍不自知而春风得意。我当时站在他的身旁吟诗。'云峰满目放春晴，历历银钩指下生。自恨罗衣掩诗句，举头空羡榜中名。'不幸生为女子，多才又如何？谁让我们生为女子呢？"

绿翘好奇地问道："那个人是谁呢？是姐姐从前的那位李郎吗？"

鱼玄机摇摇头，轻轻抚摸了一下那只檀香木盒，里面装的是温飞卿的信。绿翘于是知道，鱼玄机默默惦记的始终是她最初的爱恋。

其实，自从父亲去世后，一向清高自傲的她就掉入了生活的最底层，在贫苦、粗俗甚至淫邪的生活环境中挣扎。父亲自小教给她的诗意与风雅，曾经构筑了她朦胧美妙的心灵底色，那样美好、温馨。然而随着父亲的离世，那个温情脉脉的、高雅的文字世界似乎突然间被冷冰冰的现实打碎了、消失了。

直到温飞卿在那个春日到来。他以优美典雅的诗词唤醒了她的青春激情和神启般的灵性，重新构建了她的心灵和情感世界，他用诗意和文字让她重新找到了生活的温情和尊严。这个男人行经少女鱼玄机最初最美的生命之河，像春风吹皱了湖面，给了她那么多不可企及的梦。所以在以后的长长岁月里，鱼玄机对这个中年男人始终有种化不开的情结。

从某种意义上讲，他就是那个少女鱼幼微的精神教父！也是在她生命记忆深处弥漫、纠缠的最深刻的情结。是的，鱼玄机真正思念的是自己的那位教父温飞卿。

按照后世女作家张爱玲的说法，温飞卿永远是她心口上的一颗朱砂痣。

她在道观中亲手种下三棵树，以温庭筠的字分别给它们命名为"温""飞""卿"，想让它们代那记忆里最疼爱自己的飞卿永远陪伴自己。

然而，温飞卿也好久没有来信了。不知他现在何处，过得可好。他的脾气可得好好改改了。

赠邻女　鱼玄机

羞日遮罗袖，愁春懒起妆。

易求无价宝，难得有心郎。

枕上潜垂泪，花间暗断肠。

自能窥宋玉，何必恨王昌。

第五章
交际花：
才女醉风情

　　身在仙家，心系红尘。有了神仙光环的美女道士，也许对凡尘中人有着某种致命的诱惑力。

慕鸳鸯，端公情

　　最初，鱼玄机是带着一颗受伤之心来到咸宜观的。

　　入道之初，道观生活对于玄机来说是一种全新的体验，与世俗不同的生活方式使她充满了新鲜感，她有时也希望自己能超越红尘，在"卧床书册遍"中成为一名逍遥自在的"散仙"。"散仙"是指天上那些没有授予官职的神仙，无职无权，也就无责无事。以这种方式来摆脱过往的痛苦和烦恼。

　　在咸宜观里，她获得了更大的自由，获得了更大的自主权，她的心灵也得到了安抚。曾被牵绊压抑的才情在此时得到了升华。修道的日子让她开始思考生命中最为本真的意义所在，也让她将自己的视野投向了更为广阔的生命空间。

她写诗吟诗，"喧喧朱紫杂人寰，独自清吟日色间"；她弹琴唱歌，"朱丝独抚自清歌"；她饮酒看书，"卧床书册遍，半醉起梳头""绮罗长拥乱书堆"，内心平静而虔诚。鱼玄机其实还喜欢喝酒，她的诗中有不少写到喝酒的地方。在《寄国香》中开篇就是："旦夕醉吟身，相思又此春。"在《寄子安》里，她写道："醉别千卮不浣愁，离肠百结解无由。……有花时节知难遇，未肯厌厌醉玉楼。"在《遣怀》一诗里这样写道："满杯春酒绿，对月夜窗幽。"《夏日山居》中又云："庭前亚树张衣桁，坐上新泉泛酒杯。"

除了吟诗喝酒，她试图远离尘世，独居静修，寻仙访道，以求长生，结交道友，共研道法……如她曾去拜访过一位赵炼师，恰逢主人不在家。她写下了一首《访赵炼师不遇》：

> 何处同仙侣，青衣独在家。
> 暖炉留煮药，邻院为煎茶。
> 画壁灯光暗，幡竿日影斜。
> 殷勤重回首，墙外数枝花。

所谓"炼师"是指能够炼制丹药的丹道师，也就是道士的一种别称。

她开篇就问：赵炼师究竟到谁家去了？只剩下侍女独自在家。她决定留下等待。她看到烧得正暖的火炉上还留着正在煮的药，隔壁的院子忙着为来客煎茶。鱼玄机徘徊于内室，只见堂前照壁灯火昏暗。走到院外时，只见外面的阳光投在挂着道幡的旗杆上，已拉下长长的倾斜影子。日影西斜、点烛掌灯时，赵炼师仍未归来。她苦候不见，只能起身归去。一步三回首间，她突然发现墙边有数枝花儿探出头来微笑相送。最后"殷勤重回首，墙外数枝花"两句让全诗顿时有了生机和活力，韵味深长。

她还为另外一位女道友写下了《寄题炼师》：

> 霞彩剪为衣，添香出绣帏。
> 芙蓉花叶（密），山水帔（裙）稀。
> 驻履闻莺语，开笼放鹤飞。
> 高堂春睡觉，暮雨正霏霏。

这首诗写女道士一天的生活：以霞彩为衣、添点薰香，出帐后戴上芙蓉叶道冠，披上绘有山水图案的帔裙，停下脚步聆听那娇好的黄莺之声，打开手中笼子让仙鹤高飞。春天的早晨睡到自然醒，傍晚则欣赏那暮色中的霏霏细雨，生活得自在惬意。

可想而知，同在道中修行的鱼玄机和这位炼师的日常生活内容也应该差不多。温庭筠的一首《女冠子》则专写女道士的情怀，应当是受了鱼玄机道士生活的启发：

> 霞帔云发，钿镜仙容似雪。画愁眉，遮语回轻扇，含羞下绣帏。　玉楼相望久，花洞恨来迟。早晚乘鸾去，莫相遗。

霞帔在肩，秀发如云，镜中仙颜如玉般雪白。细描粉黛，团扇遮颜，欲吐心语，含羞垂下绣帏。久久伫立在玉楼，在花洞前徘徊张望，恨情郎为何迟迟不来相见。但愿有一天乘鸾游仙，再也不要分离。寥寥数语绘尽女道士的容貌、服饰及她的含羞多情。遮语、回扇、含羞、下帏等动作，生动地表现出女道士情思绵绵、欲说还休又含羞掩饰的情态。

也许鱼玄机的女道士形象原本就是如此，身在仙家，心系红尘。有了神仙光环的美女道士，也许对凡尘中人有着某种致命的诱惑力。

她还写过一首《题任处士创资福寺》：

幽人创奇境，游客驻行程。

粉壁空留字，莲宫未有名。

凿池泉自出，开径草重生。

百尺金轮阁，当川豁眼明。

此诗是为任处士创建资福寺而题。"处士"本指有才德而隐居不仕的人，后亦泛指未做过官的士人。鱼玄机可能受到这位任处士的邀请游资福寺，并且为佛寺取名兼题诗。

玄机在诗中称赞任处士创建了令游人纷纷驻足流连的奇妙灵境。这里的水池中清泉自涌，新辟的路径青草丛生。修筑的佛阁高约百尺，站在楼阁之上眼望前川，景色尽收入眼底，一览无余。

鱼玄机的很多诗歌反映这样的清修生活。道教给予过她心灵的清凉抚慰，在流连山水时，在觅天地道中，当清虚看物，观照自身时，那一山一石，一草一木，尽是生生不息——所谓"圆首含气，孰不乐生而畏死"。这些时候，她也曾清净而快乐。在鱼玄机这些游山访道的诗中，都表现出清静自适、醉心山林的心境。

然而，饮酒看书、弹琴唱和、游山访道的生活，终究无法填补鱼玄机情感的空白和生活的空虚，约束不了她鲜活的女性生命和奔涌如泉的诗心，更无法泯灭她对幸福爱情和婚姻的向往。作为一个才貌出众的女冠诗人，她既要谋生，又要谋爱。

鱼玄机所在的咸宜观，地在长安城中的亲仁坊。亲仁坊是名门望族、公卿大臣聚居的地方，前后有安史之乱的首恶安禄山、平定安史之乱的大将郭子仪、唐宋八大家之一的柳宗元、相王李旦（后来的唐睿宗）、西华公主、昌乐公主，还有那个修建了滕王阁的滕王李元婴等知名人物在这个坊居住过。在这条深巷中，还住着一位侍御史——李郢。

李郢，字楚望，又称端公，长安（今陕西西安）人。唐宣宗大中十年（856）进士。《唐才子传》中说他谓"历为藩镇从事，后拜侍御史"。他博学多才，精通诗文，素有诗名，曾与杜牧、李商隐互相酬唱，与贾岛也是好朋友。其诗作多写景状物，风格老练沉郁。李商隐称其"人高诗苦"。辛文房《唐才子传》说他"出有山水之兴，入有琴书之娱"，很是风雅高致。

这位李郢大人有垂钓的爱好。炎炎夏日里，他常常穿着夏衣，拎一个鱼篓，到江边钓鱼。垂钓时，眼见那江边杨柳依依，水光潋滟，常人在江畔柳林中设筵送别，他还会诗兴大发，吟上一首《江边柳》：

> 东风晴色挂阑干，眉叶初晴畏晓寒。
>
> 江上别筵终日有，绿条春在长应难。

回到亲仁坊的家中，已是黄昏时分，一阵急雨袭来，他兴致不减，作了一首《园居》：

> 暮雨扬雄宅，秋风向秀园。
> 不闻砧杵动，时看桔槔翻。
> 钓下鱼初食，船移鸭暂喧。
> 橘寒才弄色，须带早霜繁。

鱼玄机对李郢的人品和诗才十分倾慕。一天，鱼玄机碰巧见到那李郢正从荷花丛中驾船而归，惊飞了水边的鸥鹭和鸳鸯。她扑哧一笑，那李郢一身夏衣，头戴草笠，手持船桨，脚边一个鱼篓。这一副渔人打扮，让人看了有归隐山水田园之愿。

回到观中，鱼玄机挥毫成诗一首《闻李端公垂钓回寄赠》：

> 无限荷香染暑衣，阮郎何处弄船归。
> 自惭不及鸳鸯侣，犹得双双近钓矶。

在夏天的午后，李端公静坐在荷塘旁边的碧绿色的大树下面钓着鱼，看起来似乎是陷入了沉思中。清风轻轻地吹拂着他的夏衣，给人以飘逸的感觉。阵阵荷花的香味，不断地从四面八方涌过来，熏香了他的衣服。

她对这位李端公颇有好感，诗中引用阮肇天台遇仙女典故，以"阮郎"相称，阮郎是情郎的代称。两字透出了玄机内心的绵绵情意。她又把自己放进诗里来，看着旁边幸福的鸳鸯，愿自己像鸳鸯一样，陪在李端公身旁垂钓。

李郢读过这首诗后却不禁哂然一笑。又是阮郎，又是鸳鸯，又是钓鱼，诗中浓浓的爱慕和亲近之意简直是扑面而来。诗意直白、措辞大胆，恐怕那些号称敢爱敢恨的现代女性都难以企及。此时李郢已成婚，且与妻子十分恩爱。他曾给妻子写了一首《寄内诗》："谢家生日好风烟，柳暖花春二月天。金凤对翘双翡翠，蜀琴新上七丝弦。鸳鸯交颈期千岁，琴瑟谐和愿百年。应恨客程归未得，绿窗红泪冷涓涓。"可见夫妻感情还是很好的。

因为鱼玄机是诗名在外的女诗人，又是同居一巷的近邻，故而李郢也颇知这位才貌过人的女冠诗人。他深知鱼玄机心性颇高，加之身世凄凉，心生爱怜。李郢读过这首《闻李端公垂钓回寄赠》诗后，知道玄机有心倾慕于己，便将一首写给妻子的旧诗《题水精钗》抄录下来，让人送给鱼玄机。诗云：

> 脉脉两条秋水色，农夫贱卖古城旁。
>
> 何年偶堕青丝发，问价应齐白玉珰。
>
> 插去定难分镜彩，看时长似滴珠光。
>
> 人间更有不足贵，金雀徒夸十二行。

诗中是题咏一支女子簪发所用的水精钗。它从古城边的农夫手中贱价买来。不知道什么时候从女子发际掉落，被这农夫捡拾。其真实价值应当和白玉珰相仿。虽然它看去并不特别耀眼夺目，但妻子却很喜欢，常年插在头上，一闪一闪晶亮若一滴水珠的光芒。哪怕人间有更好更贵的发钗也不觉为贵，她只独爱这支水精钗。

有道是："弱水三千，只取一瓢饮。"诗中虽咏的是发钗，却满是不舍发妻的深厚寓意。鱼玄机得知这是李郢赠妻之作，当下便知李郢并无纳妾之意，心中不觉有些失落。

一次，她在窗口望见一身渔夫打扮的李郢钓鱼归来，便写下一首《酬李郢夏日钓鱼回见示》交给他：

> 住处虽同巷，经年不一过。
> 清词劝旧女，香桂折新柯。
> 道性欺冰雪，禅心笑绮罗。
> 迹登霄汉上，无路接烟波。

诗中说，你我虽同居一巷中，却整年难遇。你以清新的文字对我相劝，又在科举考试中再次折桂。我已尽知你修身养性，用情专一，不为女色所动，不慕富贵繁华，远非那些寻常好色男子可比。最后一句"无路接烟波"，只好感叹自己有缘无分。双方差别有云泥之隔，行迹渐远。

遇豪侠，得青睐

这个时候，鱼玄机还与一位"豪侠"式的人物结缘。

皇甫枚曾记载鱼玄机的这段生活说："复为豪侠所调，乃从游处焉。于是风流之士争修饰以求狎，或载酒诣之者，必鸣琴赋诗，间以谑浪。"意思是说鱼玄机后来一度曾经随一位豪侠人物到处冶游玩乐，饮酒赋诗。风流文人们无不争相亲近鱼玄机，有的提着酒食前来造访，席间弹琴吟诗，还不时开开玩笑，行迹放浪。

这位豪侠人物应当就是鱼玄机在山西太原结识的河东节度使刘潼。刘潼，字子固，南华（今山东东明县）人。刘潼出身官宦世家，自幼好学，后得进士及第，累官祠部郎中，屡建奇功。大中初年，讨伐党项羌叛乱，任命刘潼为供军使。河湟收复后，调师屯守，仍命刘潼负责。后刘潼奉令返京都长安任京兆少尹。后来，山南有大股农民造反，朝廷命刘潼前往招抚。刘潼挺身直赴造反农民军的驻地，高呼："皇上有命，要赦免尔等大罪！"然后陈述利害，善言安抚，感动得义民流着眼泪向他叩头，谢再生之德。刘潼曾多次就边防事宜上奏朝廷，很多建议被朝廷采纳，因功升为右谏议大夫。后又相继出任朔方、灵武、昭仪、河东、西川节度使。当时李福讨伐南诏，出兵不利。刘潼到后，以和平方式解决，安定了边疆。刘潼有功于朝，后加封检校尚书右仆射。卒后赠司空。

可见刘潼此人有胆有识，有勇有谋，并非一般文人墨客，也不是一介武夫。他虽身居高位，但行事不避危难，能随机应变，不辱王命，颇有春秋时鲁仲连等人的风范。同时他在任节度使期间广纳人才，结交豪杰，所以称其为"豪侠"他是完全当得起的。

刘潼任河东节度使时，大约因幕府中李亿的介绍与鱼玄机相识。对她的容貌举止、才华风度颇是欣赏。刘潼还记得鱼玄机当年赠给他的诗作《寄刘尚书》：

> 八座镇雄军，歌谣满路新。汾川三月雨，晋水百花春。
> 图圄长空锁，干戈久覆尘。儒僧观子夜，羁客醉红茵。
> 笔砚行随手，诗书坐绕身。小材多顾盼，得作食鱼人。

诗中称颂刘潼镇守太原并统帅河东大军，其治下的河东地区一片安乐祥和景象。歌颂他的民歌民谣满路传唱且不断更新；他的德政好像汾河、晋水三月间普降的雨，使整个太原城与河东都呈现出百花盛开的新春景象。接着称赞他的政绩：所治之地没有罪犯，监狱长期空锁；没有战争，武器都被尘封；通晓儒学的和尚和游客都慕名而来，一边欣赏着子夜歌，一边喝着酒，醉倒在红褥上。她还赞他"笔砚行随手，诗书坐绕身"，俨然是一派儒将形象。"小材多顾盼，得作食鱼人"，则用《史记·孟尝君列传》中齐人孟尝君门客冯谖弹剑歌曰"长铗归来乎，食无鱼"典故，赞誉刘潼有孟尝君救危济难、礼贤下士的高风。

这位旧相识刘潼以访道为名，屈尊来到咸宜观。这时，鱼玄机重新见到了当年在太原相识的故人，十分激动。刘潼见那一身道袍的鱼玄机依然雪肤花貌，丰姿绰约，才思敏捷，应对得体，心中十分欣赏。他早已得知这鱼玄机为李亿之妻裴氏所不容，便主动邀她出游曲江池上，与一干长安文人墨客吟诗作赋。同时，他还为鱼玄机所在的咸宜观捐出大笔银两，想以此赢得佳人芳心。

咸通七年（866），刘潼被朝廷任命为西川节度使，他在赴西川上任前，还希望携鱼玄机一同前往成都。也许有意纳她为姬妾。但是，鱼玄机并未应允。她是受过一次伤害的人，不愿再把命运寄托在男人的宠爱上。

刘潼身为节度使，手握重兵，雄踞一方，连皇帝也要忌惮三分。这大概是鱼玄机此生接触的最大的朝廷官员了。得到这样的大人物的青睐，鱼玄机的名气如日中天，前来京师赴考的举子们无不以结识她为荣。在这样的情境中，鱼玄机早年心雄万夫的倔强个性开始复苏，那种弱女子逆来顺受、自怨自弃的弃妇心态慢慢消隐。当年，鱼玄机在及第题名处观看新科进士金榜时，曾经"自恨罗衣掩诗句，举头空羡榜中名"，认为女子身份剥夺了自己金榜题名的权利。而此时，鱼玄机对女人自身所具有的力量开始充满信心。

她在《浣纱庙》中这样说：

吴越相谋计策多，浣纱神女已相和。
一双笑靥才回面，十万精兵尽倒戈。
范蠡功成身隐遁，伍胥谏死国消磨。
只今诸暨长江畔，空有青山号苎萝。

诗中没有指责吴王迷恋女色而亡国，也没有为其亡国开脱罪责。她直接描写西施作为女性在政治军事斗争中显示出的力量："吴越相谋计策多，浣纱神女已相和。一双笑靥才回面，十万精兵尽倒戈。"可谓极力歌颂西施的才华和魅力。西施的美丽动人和政治智慧竟具有使"十万精兵尽倒戈"的力量。后两句"范蠡功成身隐遁，伍胥谏死国消磨"，写得"语气陡健，恰如实有其事"（钟惺《名媛诗归》）。

这首诗立意新颖，玄机之前没有人这样写过西施。历来的文人墨客多从美色倾国、红颜祸水的角度进行讽喻，以告诫后人吸取历史教训。鱼玄机却从女性所创造的历史奇迹中，对女性自身价值进行肯定。她不再以红唇皓齿、柳眉细腰的女性美为满足，而是在更高层次上对女性的智慧、人格给予肯定和赞美。

这个时候，她的情感已是曾经沧海难为水，不再渴望嫁入豪门去做笼中鸟，不愿自己的命运由男人掌握。与嫁给那些豪门子弟为妾相比，她更喜欢咸宜观里清静自由的生活，至少在这里她能主宰自己的命运，选择自己想要的生活。

一个年轻貌美的女子，既是精通诗文的才媛，又是自由身份的女冠，她的天空似乎格外开阔旷远。

据《唐才子传》记载："时京师诸宫宇女郎，皆清俊济楚，簪星曳月，惟以吟咏自遣，玄机杰出，多见酬酢云。"可见，当时京城中的道观宫宇中有不少像鱼玄机这样能诗善文的女冠诗人，而且大都生得清俊，穿着美饰。其中以鱼玄机的文采最为高妙，容貌最为出众。一众风流文士与她过从甚密，很多文人墨客和她进行过诗文酬唱。

从她流传下来的诗集中可以看到，鱼玄机曾经写过很多与文友们交往的文字，也曾多次代拟男子之音，写下代人悲悼妻丧的"悼亡"之章。

如她曾经写过一首《代人悼亡》：

> 曾睹夭桃想玉姿，带风杨柳认蛾眉。
>
> 珠归龙窟知谁见，镜在鸾台话向谁。
>
> 从此梦悲烟雨夜，不堪吟苦寂寥时。
>
> 西山日落东山月，恨想无因有了期。

诗以男子口吻忆念亡妻，显示女性对男性温情爱意的渴求。桃夭似火，正如她身姿美好娇艳；弱柳迎风，疑似娇娥翩翩欲引人扶携，惹人疼惜、怜爱。她以龙宫里的灵珠妙比美丽聪慧的女子，诉说失去爱人之后的沉痛，以鸾镜犹存、映现当年夫妇厮守的情景，反衬孤鸾般的生者无处诉说衷肠的痛。如今只有在烟雨之夜的梦境里与伊人重逢，反衬孤独中苦吟诗篇来寄托哀痛。西山日落，东山月升，年复一年，相思无休无止。文字中幻画出一个美丽姣好的妻子，一个有情有义的夫君。这样有温度、有热量的文字出自一个处于清静自持的女冠诗人笔下，可想她内心深处对人间温暖情爱充满了深深的留恋和向往。

一位新及第的朋友因深爱的歌姬不幸病逝而伤感欲绝。她看过这位朋友的悼亡诗，感觉太过悲伤，就写下了两首应和诗《和新及第悼亡诗二首》，予以劝解。其一云：

仙籍人间不久留，片时已过十经秋。
鸳鸯帐下香犹暖，鹦鹉笼中语未休。
朝露缀花如脸恨，晚风欹柳似眉愁。
彩云一去无消息，潘岳多情欲白头。

这一首是写这位潘岳似的情郎多情相思的情状：鸳鸯帐下的香气还是暖暖的，那是女子身体留下的余温。女子生前喜欢的鹦鹉还在笼子里说着她生前教过的话。花瓣上的朝露映出她的脸庞，晚风中吹动的柳叶仿佛是她的愁眉。那心爱的人儿像彩云一样再无消息，人间的情郎却像当年悼妻的潘岳那样因相思而白了头。对人间温情的这种向往被鱼玄机写得深沉细腻："鸳鸯帐下香犹暖，鹦鹉笼中语未休。"鸳帐香温，自含昔日夫妇温存的图像；鹦鹉调舌，还响着房幔间的私语。笔下的深情如此缱绻，如此细腻真实，可见鱼玄机对爱情的体验十分深刻。"彩云一去无消息，潘岳多情欲白头。"以"彩云"代指年轻的女性兼有女性美丽、飘忽的含意，她难以追慕，难以把握，令人神往。

第二首则写得优美而达观：

一枝月桂和烟秀，万树江桃带雨红。
且醉尊前休怅望，古来悲乐与今同。

一枝月桂在烟雾的萦绕缠绵中，显得秀丽婀娜。月桂花美丽动人，仿佛是那位美丽女子的俏丽容颜，如此美人令人回忆追思。万树江桃在蒙蒙烟雨中益发清新红艳，让人内心生起对尘世生活的眷恋与珍惜。"且醉尊前休怅望，古今悲乐与今同"，不要在酒杯前怅望，这样只会愁上加愁，古今的喜与悲都是相同的，应忘却忧愁，一醉方休。这就是鱼玄机在生死离别方面表现出的达观之处。

巧合的是，鱼玄机的恩师温庭筠写过这样的诗，如《和友人悼亡》（一作丧《歌姬》）：

玉貌潘郎泪满衣，画罗轻鬓雨霏微。

红兰委露愁难尽，白马朝天望不归。

宝镜尘昏鸾影在，钿筝弦断雁行稀。

春来多少伤心事，碧草侵阶粉蝶飞。

再如《和友人伤歌姬》（《和王秀才伤歌姬》）：

月缺花残莫怅然，花须终发月终圆。

更能何事销芳念，亦有浓华委逝川。

一曲艳歌留婉转，九原春草妒婵娟。

王孙莫学多情客，自古多情损少年。

从内容来看，它们可能写的是同一件事。

咸宜观，醉风情

黄昏时分，窗外风吹得竹林沙沙作响，不久又下起了雨。

雨水打在窗外的竹叶上，点点滴滴，淅淅沥沥，让鱼玄机心头愁意难释。她点亮了灯，从枕下取出了几本书——是道家的几本典籍，随手翻了翻却无心深读，于是便取了纸笔，在灯下写下一首《愁思》：

> 落叶纷纷暮雨和，朱丝独抚自清歌。
>
> 放情休恨无心友，养性空抛苦海波。
>
> 长者车音门外有，道家书卷枕前多。
>
> 布衣终作云霄客，绿水青山时一过。

这首诗又名《秋思》。秋天的傍晚，落叶纷纷，暮雨霏霏。鱼玄机独自抚琴而歌，她居然感到某种释然。那些薄情无心之人终于可以放下了，那些俗世中的无穷烦恼尽皆抛开了，可以随性而为，修身养性。可以经常与那些饱经世事、性情超逸的师友们交游来往，可以潜心读一读那些道家典籍。本为一介布衣的小女子如今做了修道之士，可以不时云游山林、浪迹五湖。

然而，她的心境并不能一直如此释然，而总会被身边之事挑起阵阵漪涟。

某日，一位容貌不俗的村姑来到咸宜观里。她边烧香边哭泣，十分伤心。鱼玄机不禁上前问她有何伤心事。那村姑告诉她说，情郎狠心弃她而去，让她失去了生活的信心。鱼玄机心有同感，顿起怜惜之心。

晚间，她在床榻上辗转难眠。想来自己姿容尚佳、能诗善文，正当青春年华，对任何男人都是一份无法忽视的诱惑。谁知这一份女人最强大的资本，竟无以抗衡一个平庸女人背后的显赫家族。她也知道，那个温文尔雅的年轻男人并不是不爱她，而是无法抗拒仕途前程和万贯家财的强烈诱惑。而那一切恰恰都是她无法给予的。

想到这里，她再也无法入睡，便只得起身点灯翻看会儿书。她读到了宋玉的《登徒子好色赋》。赋中说："东家之子，增之一分则太长，减之一分则太短；著粉则太白，施朱则太赤；眉如翠羽，肌如白雪；腰如束素，齿如含贝；嫣然一笑，惑阳城，迷下蔡。然此女登墙窥臣三年，至今未许也。"

这宋玉说自己风仪俊美引得邻家女子时常窥看，她读了不觉失笑，却忽而心有所感。这邻家女儿真是大胆可爱，才不管世俗礼法如何，亦不管宋玉是否有意，只要她喜欢，就可以爬墙上偷窥宋玉三年。人活着，不是正应当同她一样自由坦荡？同这邻女相比，自己倒真不如也，为了一个李亿在这里自伤自怜，又何苦来呢？

她想起日间所遇的村姑遭遇竟和自己如此相似！一时心有戚戚，于是研墨铺纸，在灯下写就一首《赠邻女》：

羞日遮罗袖，愁春懒起妆。

易求无价宝，难得有心郎。

枕上潜垂泪，花间暗断肠。

自能窥宋玉，何必恨王昌。

此诗一作《寄李员外》，一作《寄李亿员外》。可见，这首诗还有可能是写给前夫李亿的。从诗意可以看出，此诗是在咸宜观当道士时写的，可以把这首诗看成是鱼玄机对李亿绝望后表达心迹的诗。

"羞日遮罗袖，愁春懒起妆"，女子在阳光下用长袖遮脸，怕让人看见自己愁眉不展；春日迟迟，仍无情无绪，懒于梳妆。这是化用《诗经·伯兮》中的"岂无膏沐？谁适为容"之典，意为女为悦己者容，因情郎变心而懒于梳妆；与温庭筠《菩萨蛮》中"懒起画蛾眉，弄妆梳洗迟"意味相似。世间无价宝易得，而有情有义的郎君却难遇。"枕上潜垂泪，花间暗断肠"，于是女子夜间枕上暗自流泪，白日在花间徜徉时也不禁暗自断肠。忽然间，她似乎领悟到："自能窥宋玉，何必恨王昌。"宋玉，楚国鄢人，相传为屈原弟子，辞赋大家，体貌娴丽；王昌，东家王昌，一般认为是魏晋时人。古乐府诗云："人生富贵何所望，恨不早嫁东家王。"唐人崔颢《王家少妇》云："十五嫁王昌，盈盈出画堂。"李商隐诗中也有云："谁与王昌报消息，尽知三十六鸳鸯。"一般用王昌以代指貌美多情的男子，或以指风流而用情不专的浪子。鱼玄机诗中是借用宋玉、王昌比喻意中情郎，意谓作为女子自己就可以去大胆追求世间值得去爱的男子，何必去怨恨那些薄情郎呢？

这首诗不只是她人生的分水岭，又几乎是她日后生活的宣言：既然找不到有情有义的男人，夜里流泪、白天断肠能有什么用？既然自己有能和宋玉相配的才貌，为何不及时行乐？又何必徒费心思恼恨那薄情寡义的王昌呢？"易求无价宝，难得有心郎"，这是她自己刻骨铭心的人生经历，也是她的惨痛教训。她深刻体会到，真正的爱情其实很不容易得到，女子即使付出再高昂的代价，也难遇到真心相爱的人。

"自能窥宋玉，何必恨王昌"这句则标志着她从此不再有所顾忌和牵挂，开始自我救赎。她要冲破一切罗网，纵情于自己喜爱的男子，寻找属于自己的欢乐。在此之前，她是一个秀外慧中、痴情的贤淑才女；从此后，她看破了世事真相，只为自由地追求心中所爱而不必再有所牵挂、有所顾忌。她以这种方式来告诉温庭筠和李亿，鱼玄机并不是只会以泪洗面的弱女子，也敢爱敢恨。

墨西哥诗人奥克塔维奥·帕斯说过："爱情的痛苦，即是孤独的痛苦。""在这个世上，爱情几乎是一种无法到达的体验。""爱情不是自然的行为，而是人为的，根据定义，是最为人为的，也就是说，它是一项我们所做的创造，自然界中却不存在。它是我们已经做过的，每天都做的并且不断放弃、损毁的。"他又说："女人生活在男性社会所强加的形象之中，因此她只能选择同自我决裂。'爱情改变了她，使她成了另外一个人'，这个句子通常用来描绘坠入爱河的女子。这是事实。爱情使女人变成了另一个人，如果她敢于去爱、去选择，如果她敢于做回自己，她就应该同这个世界强加于她头上的那个形象决裂。"

是的，正是因为爱情，鱼玄机深刻地察觉到了某些人生真相。她开始同那个强加于女性头上的形象决裂了。她不再认为温良恭俭是女性天生的美德，不再认为依附男人是女人天生的宿命。咸宜观景象依然如故，她的心境却大有不同。自从吟出"自能窥宋玉，何必恨王昌"的诗句，那个柔弱的、渴望爱情的小女子鱼幼微，便在深秋死去，她现在已经化蛹成蝶。此时，她是一个女冠，从某些意义上来讲，她更是一个自由人。世俗的某些清规戒律于她而言已经没有意义。

是的，变幻莫测的命运之神将她撕裂、摔碎、注水、揉捏，然后重新组合，让她完完全全地变成另外一个人。是的，从此一个弱女子可以挑男人，而不再是男人挑她。这是梦吗？也许，不是梦。于是，鱼玄机带着那激情洋溢的才情与锐气，挑战大唐芸芸众生的视听神经。

是的，李亿并不是珍惜自己感情的"有心郎"，只是追求一时艳遇的薄情人。鱼玄机从此以追求理想中的知音之爱为目标，喊出"自能窥宋玉，何必恨王昌"这样的女性宣言，已类似现代女性自主追求爱情的意识，在诗歌中发出纯粹女性立场的独特声音。虽然她并不是成心要和男权作对，也并无现代意义上的女权意识，但是她执拗地从自己作为一介女流的所想、所思、所爱、所欲出发进行写作，无疑就是凸显了女性意识。

千年之后，人们对鱼玄机的诗有了各种不同解读。后世有学者称道，在古代很少有像鱼玄机这样，能够在诗歌中吟唱出原生态的、天籁般的、纯粹的女性心声的女诗人。现代文人学者更将她推到了敢于表达爱情、勇于追求男女平等的高度。甚至还有人据此称她是唐朝的"波伏娃"，是女权意识的先声。其实，如果我们设身处地想想鱼玄机的一生，她在自己的那个时代该是多么孤独、凄惨、悲凉。她留给后世的诗歌为我们构建了一个唐代女子的生命体验和真情实感的世界。

如今，鱼玄机的一切早已淹没在岁月烟尘之中。可她的诗、她用泪与血写成的文字、她一生坎坷的命运，始终唱着女性意识救赎的悲歌。声音虽然有些轻柔、细微，可后来的人们听到了，听懂了。

其实，鱼玄机这种女性自主意识的形成，还与当时唐朝道教文化有关。

唐朝上层社会和名流诗人都崇奉道教，当时上自将相大夫，下至凡夫走卒，皆炼丹服药，入道仙游。不少公主、妃嫔、官僚姬妾、宫女，甚至平民女子纷纷"洗妆拭面着冠帔"。唐代道观寺院繁多。由于上层统治者的垂青和眷顾，道观里的道士、女冠逐渐成为一个特殊的阶层，他们获得了与众不同的社会地位。尤其值得注意的是，当时政策将道士与女冠列为同等，没有性别、尊卑之分。而且道教教义本身主张"道法自然"，将"清心寡欲""寂寞无为"作为通向"道"的必由之路。

所以，道教的女性观在无形中呈现了男女平等的一面：它淡化家庭人伦价值，不提倡对女子的道德束缚、贞操说教。在道教教义的渗透下，这时的道教徒不再像儒者那样斤斤计较男女大防。女道士亦是如此，她们的思维方式和心理框架得到了重塑，展现出与俗世女子不同的风采。唐朝女性对嫁的人不满意，不用所谓的"离婚"，而是入道三月，即可另找夫君嫁人。当时的女性入道，无非是想在道教里寻找自由。

唐代的女道士，往往都有一定的社会地位和文化修养。唐玄宗的胞妹玉真公主就入道并拥有多处道观，因为出家可以更自由地交纳风流才子。武则天、杨玉环曾先出家，后重新入宫。这些公主、嫔妃入道修真，带动了一拨知识女性入道清修。这些知识女性所写的"神仙诗"，富有渴望成仙的浪漫色彩，大多收入了《全唐诗》里。可以这样说，提起唐朝的文学，就不能不提及女性慕仙求道的诗歌。唐朝女冠墨客成为文坛一景，先后出现杨玉环、李冶、薛涛、鱼玄机等女墨客。女冠墨客诗文中多有关于男女情怀和爱情生活的描述，文字间萦回着女性特有的缠绵情意。女冠诗人像一朵朵斑斓飘逸的彩云，在历史的沉重中轻盈掠过，化作一抹亮丽而永恒的记忆。

唐朝社会开放的风气使得一部分女冠跟士人交往成为"潜时尚"。美丽女冠与风流文士的香艳故事，成为唐朝一曲华丽风流的咏叹调。道观可以是修道之地，可以是转换身份的地方，可以是当时文人墨客社交会友的地方，甚至有些时候还成了男女偷情的场所。女冠们不受世俗礼法的约束，讲品位，擅风情，弄风雅。女冠们最喜欢的客人是"腹有诗书气自华"的文士。公主、贵妇入观，往往身旁伴随着一批文人吟诗作对，甚至放浪谑情；又有李冶等很多另类女冠，不受礼法约束。加之中晚唐狎游之风盛行，很多男性文人与女道士结交，颇为投缘。这样充满激情的生活能唤起他们创作的灵感。《女冠子》《天仙子》等词牌名就是在这样的场合产生的，最初写的就是这种与女冠游冶的生活。才子诗人李商隐诗中的好多灵感和情感，据说都和一个叫作"宋华阳"的女道士有关。

唐代很多士子们在赶考交游的时候，也特别爱住在寺庙道观，尤其是女冠生活的道观。道观给他们提供了自由往来的空间，有才华、姿色的女道士，既能谈玄论道，又富女性魅力，文人与之诗词酬答，眉目往还，实在惬意。所以，唐代一些诗人笔下的女道士往往有姣美之姿，能以歌舞娱人，流连诗酒，善解风情。可以说，妩媚多情的女冠是唐五代一道色彩迷离而炫目的风景。

咸宜道观地处长安东城朱雀门大街之东的亲仁坊，紧邻繁华的东市，北面隔一坊就是艺伎聚居的平康坊。咸宜观最初是唐睿宗李旦未称帝时的藩王府。玄宗开元年间，改为"仪坤庙"。唐玄宗在这里修建仪坤庙，用来供奉父亲睿宗皇帝的两个妃子——昭成皇后和肃明皇后，其中昭成皇后是唐玄宗的生母。开元二十一年（733），改为肃明道士观。宝应元年（762）咸宜公主入道，又更名"咸宜女冠观"。咸宜公主是唐玄宗和武惠妃的女儿，很受唐玄宗宠爱，受封一千户。虽有父皇宠爱，婚姻却不顺利，咸宜公主先"下嫁杨洄"，杨洄因涉嫌谋反被赐死后，"又嫁崔嵩"。崔嵩亡故后，咸宜公主出家，修行约二十年，"薨兴元时"。

咸宜公主出家后就一直住在咸宜观。从此，咸宜观成为长安城中的一个有名的道观。"士大夫之家，入道，尽在咸宜。"长安城中许多达官贵人家的女子入道后都在咸宜观居住。咸宜观规模较大，观内壁画都是丹青名手所作。晚唐诗人许浑曾经写过一首《宿咸宜观》：

> 羽袖飘飘杏夜风，翠幢归殿玉坛空。
> 步虚声尽天未晓，露压桃花月满宫。

那时咸宜公主已死，但道观空置着也浪费，便收住了一些官僚家的闺女为道姑。当鱼玄机因种种机缘住到咸宜观后，这里注定就成为是非之地。咸宜观靠近东市，外面红尘热闹喧嚣，道观中却自成清幽世界。

鱼玄机在咸宜观中居住，云房恰如深闺，地上铺着浅蓝地毯，炉香悠悠，深院寂寂。门外梧桐摇曳，桂花飘香，金菊点点。她则整日间品茶弈棋，读书弹琴。偌大的咸宜观院落里，花木繁荫，阳光斑驳细碎，落地无声。偶尔，她的目光也会落在道观中她亲手种下那三棵柳树上。枝条泛青，袅袅飘拂，竟让她心底泛起一阵遥远的温馨和怀念，想起当年的那首《赋得江边柳》，她的童年，她的梦想，她最初的情愫。

有时，她也会登上道观的高楼，极目远望那群峰叠嶂的山峦。也偶尔会想起那个叫李亿的人来。如今想起他来，竟然恍如隔世。当初那种痛不欲生、恨不能死的疯狂与痴情，原来也真的可以被岁月冲淡，只发酵成一些酸酸的苦涩。

只是，她不敢让自己有大把的闲暇时间独处，她已怕极了寂寞，不堪忍受时而浮现在脑海中的那个身影。飞卿啊飞卿，你若见了学生今天这般模样，会是怎样一番心境？然而一转身，她的心事就会百转千回：过去的事情虽然美好难忘，但终究已成往事。她今天的生活和快乐才更加重要。她不想以眼泪示人，尤其重要的是不想乞求男人来爱她、可怜她。

当年她是那样心高气傲："自恨罗衣掩诗句，举头空慕榜中名。"那些须眉男子中不也有那么多才学不如她的酒囊饭袋？她要是男人，凭着才学也一定丝毫不输那长安城里香车宝马的轻裘公子、五陵年少！须知，她这饱读诗书的弱女子也有一身风骨，也有权力寻找自己人生中的欢爱和快乐。

那日，一个叫裴澄的文人官员前来，自称对鱼玄机十分爱慕，想一睹芳容。这位裴澄并非庸常之辈，是山西闻喜人，德宗朝进士第，也是一位知名诗人。《全唐诗》中曾收录他的一首《春云》：

> 漠漠复溶溶，乘春任所从。映林初展叶，触石未成峰。
> 旭日消寒翠，晴烟点净容。霏微将似灭，深浅又如重。
> 薄彩临溪散，轻阴带雨浓。空余负樵者，岭上自相逢。

115

他拜访鱼玄机，原本也是仰慕鱼玄机的诗名，以诗会友。本来玄机对于登门拜访的香客还是很客气的。可听说此人姓裴，玄机心中那刻骨的怨恨就缓缓渗出来。她恨天下所有姓裴的人，因为有一个姓裴的女人夺去了她所有的幸福。

她冷冷地说："恕玄机不见远客。"不明所以的裴澄瞪大眼睛，一脸尴尬，忙问何缘由。鱼玄机哂然一笑："没什么理由，就是不愿见你而已。"

裴澄气极，脸涨得通红，恨恨地说："简直莫名其妙！谁不知道咸宜观鱼玄机是天下第一浮花浪蕊，人人都可亲近得，还装什么清高？"

鱼玄机气极反笑："你说对了，我就是浮花浪蕊，天下男人都可亲近得，可就是不见你这姓裴的。"

裴澄愤然转身下山，临了回头丢下一句话："有你后悔的时候！"

回房之后，鱼玄机兀自怒气难消。好啊，不是责我浮花浪蕊么？我偏要做给你们看看。她拿出一张红纸，挥笔写下"鱼玄机诗文候教"七个大字，跑到观外大树上贴起来。

这张告示无疑是一幅高张的艳帜，也恐怕是历史上最为轰动香艳的街头广告了。不到几天工夫，消息就传遍了长安。

绿翘此时已是个初长成的姑娘，性情活泼如山中小鹿。鱼玄机曾寻思要教她识些字，再让她熟读一些《道德经》之类的道家典籍。这绿翘倒是聪慧无比，可对道家经典却无兴趣，只喜欢陪着师父在山中采花玩耍，或陪师父炼制丹药。

咸宜观中，鱼玄机陪客人品茶论道，煮酒谈心；兴致所至，游山玩水，好不开心；遇有英俊可意者，就留宿观中。她成了艳名传遍整个长安城的美女道士。据说她性格有些怪癖，若是她看不上眼，对方一掷千金也难博她一笑；若是她一见钟情，对方分文不取也可一亲香泽。自认有几分才情的文人雅士、风流公子，纷纷前往咸宜观拜访鱼玄机，谈诗论文，聊天调笑。

鱼玄机此时既有少女的妩媚，又有成熟女性的风韵，再加上她的才华和风情，不知使多少人拜倒在她的石榴裙下。她用自己的美貌和诗文吸引这些名士与贵公子，与他们关系暧昧，若即若离，不时向他们抛个魅力十足的眼风，露一露风情。更乐意看着他们抢夺自己所写的诗笺，并为此感到一丝自得和快意。

也许鱼玄机自己都从没想到过，自己有一天可以这么受人追捧，这么红。而且追捧她的并不是走夫贩卒、引车卖浆市井之流，而是那些饱读诗书的应试举子、风雅俊逸的文人墨客。这些人是真心为她的美貌和才华倾倒：她刚写的诗作就传遍文化圈；刚发生的有关她的事就迅速传遍京城。她的一颦一笑都能让他们目眩神迷。

鱼玄机惊异地看着这一切，没想到自己一个弱女子、一个曾被人轻易抛弃的外宅女，居然魅力值爆表，很多男人想见她一面居然不可得。是啊，"自能窥宋玉，何必恨王昌"。台湾作家三毛曾说："那时的我，是一个美丽的女人，我知道，我笑，便如春花，必能感动人的——任他是谁。"做女人也许就是要做得这般自信。

身在咸宜观的鱼玄机广交天下客，枝系八方舟。她要的就是人声鼎沸、热热闹闹，要的就是那种繁花似锦、夜夜笙歌的感觉。此时，鱼玄机眼里的长安，是浮艳华丽的长安，是奢靡放纵的长安，更是衰朽腐烂的长安。一群美丽娇俏、风情万种的女子出没于长安城虚静寂寥的道观。女道士充满仙风道气的"星冠霞帔"，掩盖不住整个大唐风流岁月的青春泛滥与情感躁动。而鱼玄机以她的美貌，她的才情，她的风流放浪，在这偌大的长安城艳帜高张。

窥宋玉，叹无缘

那时，一个叫左名场的书生，身着一袭青衫，手摇一把白纸扇，也慕名走进了咸宜观。

左名场和鱼玄机是当年在山西太原时的旧相识了。他到长安赴试，就住在咸宜观附近的旅馆内。左名场在旅馆里安身后，专门让人传话，告诉鱼玄机自己已经到京，随后他人就到。

左名场早在来京之前，便已知应试学子中流传甚广的"女冠诗人"韵事。长安城里，汇聚着来自全国各地的学子。他们怀揣着蟾宫折桂的梦进京应试，余暇时光则走马观花赏柳，流连风月。据那些返乡举子们绘声绘色的描述，这长安城亲仁坊里有个咸宜观，几年前来了一个"蕙兰风姿""色既倾国"的妙人。她在观外挑起一张旗幡，上书"鱼玄机诗文候教"几字。那份姿态摇曳的曼妙风情引得好事者趋之若鹜，争先恐后一睹芳容。

其实，左名场早知这咸宜观中的女冠鱼玄机，便是当年山西太原府遇见的鱼幼微。那时她还是山西节度使幕府中从事李亿的小妾。那李亿携鱼幼微返回长安后，没几年就外放扬州为官，将这位心高气傲的幼微姑娘安置到这咸宜观中。如今，那位言笑晏晏、时时脸颊红晕的才女鱼幼微，已然成为红透长安诗坛和社交界的女冠诗人。

左名场来到亲仁坊咸宜观和鱼玄机见面。其时，鱼玄机正当韶华之年，虽然做了道士不施粉黛，也掩不住肤如凝脂、面似桃花、意态风流，令人见之忘俗。鱼玄机得知这位当年太原结识的翩翩佳公子即将到京，便"忽喜扣门传语至"。

她情不自禁地在《左名场自泽州至京使人传语》中写道：

> 闲居作赋几年愁，王屋山前是旧游。
> 诗咏东西千嶂乱，马随南北一泉流。
> 曾陪雨夜同欢席，别后花时独上楼。
> 忽喜扣门传语至，为怜邻巷小房幽。
> 相如琴罢朱弦断，双燕巢分白露秋。
> 莫倦蓬门时一访，每春忙在曲江头。

诗中说左名场是旧游知己好友，曾经一起出游吟诗，夜雨同席。忽然听人说左名场要来京，她欣喜不已。为他准备的邻巷小房十分幽静，当可让左公子一住。

"相如琴罢朱弦断，双燕巢分白露秋"是用司马相如之典。西汉才子司马相如贫困时，到四川临邛寻访好友县令王吉。时有当地首富卓王孙之女卓文君新寡，司马相如在卓王孙家宴会上当众弹奏琴曲《凤求凰》，以此挑动文君。卓文君在窗外偷窥，见司马相如容貌英俊，才华横溢，当夜随其私奔。

这两句可以有两种解读，"相如琴罢"，可解作"相如情罢"，这里可以看作是用"相如"来比作抛弃自己的男子李亿。因左名场知道李亿和她的关系，所以鱼玄机这里意在向左名场说明，李亿和自己已恩断情绝。同时这两句也可能是在说左名场已丧妻单身。"相如"当然就是左名场了。"朱弦断"在古时有丧妻、失妻的含意。所以说左名场丧偶是可能的，时间是在白露节气前后。

"莫倦蓬门时一访，每春忙在曲江头"则是希望左名场到了长安后，除了应试科举和游览曲江风光，也希望他能时常光临一下咸宜观。此时，鱼玄机诗中已有些暧昧成分了，如"曾陪雨夜同欢席"就写出了某种亲密无间的狎昵意味。

此时，故人在京城咸宜观中见面，她毫不掩饰自己的喜悦之情。两人谈起当年自太原一别后历经诸多曲折，都不禁唏嘘。鱼玄机想到当年陪同李亿在太原得遇书生左名场，如今委身在此道观中，还能与故人相遇，内心真是感叹。她告诉左名场若不嫌弃，闲时便过来说说话。

左名场点头叹息，大概也感到有些物是人非，想想当年太原相遇的情形，让人只觉得恍若梦中。他告诉鱼玄机，刘尚书返京后又去了西川。听说他还到这咸宜观中来过。他正是因此得知鱼玄机已入道观清修。鱼玄机告诉他，刘大人是恋旧之人，专程到这观里看望她，吟诗佐酒，豪气不改。

两人又聊起了鱼玄机的恩师温庭筠。他先是被贬到随州，后来几经辗转，流落襄阳等地。仕途坎坷，生活也是穷迫不堪。前些年，因为夜间在街头向人讨要酒水，被巡夜的士兵打落了牙齿，狼狈不堪！

鱼玄机心中酸涩难过。温飞卿曾将此事诉于出镇淮南的令狐绹，却没有下文。飞卿只好亲自到长安，致书公卿，申说原委。左名场和她一样，始终敬重温先生，相信他肯定只是暂时困窘，以后一定会好的。就凭这一番话，鱼玄机对这位书生产生了格外的好感。

然而，此次进京应试，一向才高八斗、出口成章的左名场却黯然落第。

他自觉无颜面对家乡父老，索性以游学为由，羁留京都，以图来年再试。于是他便修书向家中索得盘缠，准备长住咸宜观边的旅馆。

这左公子早已仰慕鱼玄机才貌俱佳，有心拜在其石榴裙下，而无意唐突伤情女。每每当他走进咸宜观里，但见得花径方扫，蓬门始开，那位女冠丽人一头乌发高高扬起，欣然莲步快走，直奔情郎而来。二人相约同游曲江，登慈恩寺塔；在咸宜观中品茶聊天，谈玄论道，后来又谈起诗词文章，一来二去竟是十分投缘。

寒食节到了，住在西边的邻居左名场差人送来诗一首。她细细读了一遍，颇觉意味无穷。那诗意大致是说与她为邻，常有思慕之心。正是寒食节到来之际，一个人独斟独酌，颇觉心情孤闷。想和她一起饮酒，却又担心她有事相扰。故而安慰自己将来有时间再约吧。

鱼玄机接到左名场的诗稿后十分高兴，"一首诗来百度吟，新情字字又声金"。她不禁反复吟诵，细细体味，感到诗中的每个字都似金石之音，掷地有声。这是赞叹他的文学才华。

鱼玄机读罢，心头一热，便提笔与左名场诗歌唱和，写下一首《次韵西邻新居兼乞酒》：

> 一首诗来百度吟，新情字字又声金。
>
> 西看已有登垣意，远望能无化石心。
>
> 河汉期赊空极目，潇湘梦断罢调琴。
>
> 况逢寒节添乡思，叔夜佳醪莫独斟。

诗题中说这首诗是《次韵西邻新居兼乞酒》，可见是刚刚搬到西边比邻而居的左名场有诗在先。鱼玄机和诗还兼乞酒，有主动大胆的亲近之意。可见，敏感而多情的鱼玄机像宋玉笔下东家女一样对爱情大胆追求，主动向西邻的左公子登门要酒喝。

诗中"西看已有登垣意，远望能无化石心"化用两个典故，即东家女登墙暗窥宋玉、望夫女苦苦等夫归来。望夫女典故出自《太平御览》引《幽明录》曰："昔有贞妇，其夫从役，远赴国难；妇携幼子饯送此山，立望而形化为石。"后多以此比喻爱情的坚贞与精诚。刘禹锡《望夫石》云："终日望夫夫不归，化为孤石苦相思。"

"河汉期赊空极目，潇湘梦断罢调琴"意为牛郎织女隔着银河期待相聚，望眼欲穿；而潇湘妃子不能与舜帝夫妻团圆，也只好停止弹琴奏曲。这两句诗意思是我们不要像他们那样，明明心中牵挂对方却孤身独居，不去主动追求爱情。

最后劝他"况逢寒节添乡思，叔夜佳醪莫独斟"。何况正值寒食节气，难免思念家人，乡愁萦怀，深深感到一人漂泊在外的孤独。所以，你这位酷肖嵇叔夜的男子不要一个人独斟独酌。这两句就好比是对左名场说：喝闷酒会伤身的，所以我就上门来讨酒喝了。就让我来陪陪你吧。

诗中提到的"叔夜"是"竹林七贤"之一的嵇康的字。嵇康是个美男子，风姿秀美。《世说新语》言："嵇康身长七尺八寸，风姿特秀。"见者叹曰：'萧萧肃肃，爽朗清举。'或云：'肃肃如松下风，高而徐引。'山公曰：'嵇叔夜之为人也，岩岩若孤松之独立；其醉也，巍峨若玉山之将崩。'"

可见，鱼玄机眼中的左名场高大俊逸，洒脱爽朗，有魏晋名士之风。鱼玄机的诗中屡屡出现宋玉、王昌、潘岳、嵇康等美男，其实表达了这位"花痴"诗人对有才有貌的美男子格外青睐。所以，她对才子左名场的倾心也就是很自然的了。从诗中所描述的情况来看，她不仅仅只是示爱，而且有托付终身的意味。因为"远望能无化石心"一句，是表达愿嫁给他为妻，相守终生。

仔细体会，这首诗如果翻译成现在的话。首联就相当于称赞："左公子，你太有才了。"而颔联则相当于表白对方："我愿意嫁给你，永远不分开。"颈联则相当告诉他："只要有你，我什么都不在乎。"尾联则直白地说道："不如我们在一起吧。"

可见，鱼玄机在这首诗中表现出的热情主动，一点不亚于现代社会里的年轻女性，以至让现代作家郑振铎都不禁惊叹，他在插图本《中国文学史》中说鱼玄机"写着颇为大胆的爱情诗"。

鱼玄机爱他青春年少，儒雅风流；那左名场也十分倾慕鱼玄机的美貌、才学和诗赋灵气。不久，两人又以诗词唱和，情愫渐浓。也许，她在左名场身上看到了温庭筠般的才华，看到了李亿的风仪和气度。每到左名场起身告辞时，她总会感到一种失落感，便轻声相劝："你我都是孤身在外，想家的时候就到我这道观里来。不要一个人在客栈里独自喝闷酒，那会伤身子的。"

左名场从她的眼中读出了某些温暖的关切和眷恋，感动地点点头。只是从此，左名场便似落入绮丽梦境般，与鱼玄机吟诗作画、吹箫抚琴、耳鬓厮磨。终于有一天，因大雨骤至无法再回客栈去，他只好与鱼玄机一直畅谈到深夜。而那一夜，左名场留宿在她的云房中，二人在袅袅香烟中交颈而眠。那晚，她获得了一个儒雅美男子无微不至的温存和体贴。这位左郎就像是上天给她准备的一瓮美酒陈酿，简直让她整个心魂都为之沉醉！

后来，鱼玄机一颗芳心便系在了左名场身上。然而这段原本美满的情缘最后也不了了之，在左名场离开长安后不知所终。

闻喜鹊，迎潘岳

鱼玄机在《迎李近仁员外》的诗中，写过这样一个温馨的场景：

今日晨时闻喜鹊，

昨宵灯下拜灯花。

焚香出户迎潘岳，

不羡牵牛织女家。

清晨起来就听到喜鹊的喳喳叫声，昨夜的油灯居然在燃烧时结成了灯花，这都是有喜事来临的预兆。于是玄机马上沐浴焚香，朝那灯花拜了几拜，然后就听到绿翘在外面欢喜地叫喊着："玄机姐姐，李员外回来啦！"她听了赶忙欣喜地起身出门，迎向她心中的情郎。此时的欢喜与幸福简直连牛郎织女都要羡慕他们了。

潘岳是西晋太康时期的著名诗人，而且是美男子。潘岳每次坐车出城，都有女子为他的美貌所吸引，将他团团围住。有时还不停地向潘岳的车上扔水果，以示爱慕之情。在鱼玄机的眼里，李近仁就是这样一位美男子，这样一位让她倾心爱慕的情郎。有了他，牛郎织女都不值得羡慕了。

这首诗中将鱼玄机闻情郎到来时的喜悦心情表达得淋漓尽致。应当说，这样的快乐时光在鱼玄机一生中是不多见的。这样纵情奔放的诗情在她的诗作中也是少有的。明代诗评家钟惺读后说："如此而犹遭弃斥，吾不知其尚有心胸否也？红颜薄命，为之深慨。"

不过关于这位李近仁，后世学者猜议纷纭。

有的说就是那位李亿，字子安，号"近仁"，这个号应是鱼玄机为他所取。

有的则考证出晚唐还有一位李近仁，这位李近仁是曹州刺史李续之子，任汝州刺史，在《郎官石柱题名》祠部郎中有题名，在曹邺之后。他于咸通十二年（871）左右任礼部郎中，此前曾任数年员外郎，和鱼玄机居咸宜观的时间正好吻合。其实，从诗中表露出两人深厚的情感来看，很像是李亿。不过既然晚唐真有这样一位叫李近仁的员外郎，那么就不能凭想当然认定是李亿。

有的猜测可能是一位富有的丝绸商人，经常资助咸宜观里的鱼玄机。"员外"一词在唐代有时也用作称呼社会上有一定身份地位和声望的士人或富商。所以，我们不妨认为，除了左名场，与鱼玄机来往密切的还有一位做丝绸生意的富商李近仁。

这位李近仁生得英俊潇洒，鱼玄机戏称他"潘安"。这李近仁原本是极爱鱼玄机的。他时常远赴苏杭采办货物，经久不见人影。但他一返京就必定到观中探望鱼玄机，给她带来许多绸缎织绣之类的礼物。而且，鱼玄机在咸宜观中的开销用度基本上由李近仁提供。他还丝毫不干涉鱼玄机的创作与交游，鱼玄机在委身李近仁的同时，又可自由地与各种人物交往。这位风流多情而又多金的富商李近仁，让鱼玄机感到了某种依赖。

每次李近仁至，鱼玄机就如《迎李近仁员外》中，描述的情形："焚香出户迎潘岳，不羡牵牛织女家。"简直就像闺中等候已久的少妇，欢天喜地迎接远游归来的夫君一般。

然而，宠极就会衰，爱久也会淡。一段看似和谐美好的情感又不知不觉走到收梢的时候。

屋檐上的积雪还未化尽，砖瓦上残存着一层浅白的霜雪，水珠顺着檐角缓缓滴下，敲击着院里清冷的小径。李近仁已经收拾停当，前来辞行。玄机正在镜前梳妆，此时她心情复杂。

她真希望他就这样永远待在长安，她不问他家中的事情，也不去揣想未来，只愿意这样能陪伴他一日，就陪伴他一日。可他终究还是要走了。昨晚，北风呼呼刮了一夜，院里的树木叶子都落尽了。两人温存缠绵过后，鱼玄机默默起身来到窗前。窗外庭院里，被寒风打落的梧桐叶子落了一地。

李近仁见她不高兴，便走到她身边说："玄机，我该走了。这趟生意对我很重要，我必须再到浮梁去一趟。这一去，也不知多久能回来了。"玄机懒懒地点点头，准备送他出门。李近仁双手握住她的肩，微微一笑说："不要送了，外面冷。你多保重！"玄机淡淡地点点头。等他出门后，她还是默默跟在了他身后，目送他骑马出观，直到看不到他的背影。

她知道他终究是要离去的，他始终是属于繁华人世，不属于这寂寞道观的一个女冠。他其实一开始就没有承诺什么。这样的结局她本该早就能想到，很想就这样平静地送他离去，可最后眼泪还是默默流淌下来。

其实，只有鱼玄机自己心里清楚：她的爱情在红尘之中注定无处安放。

如今的那些激情与欢爱过后，内心渗进的是一丝丝凄凉的苦涩：男人，毕竟还是属于别人的，他们终究要回归尘世，回归他的家庭；那么多情话缠绵，不过是天亮即告别的露水情缘。她知道，也不能不知道。其实像她这样的人，"老大嫁作商人妇"，也很容易，随便找个有钱的商人做妾甚至做妻，都不难；只是她渴望的，是真心真意的心灵相通，而那些跟她貌似心灵相通的男人们，又怎可能娶她？

这个梦，看似繁花似锦，绚烂无比，只是为什么需要这么多凄凉来铺垫？

人最可怕的境遇不是得不到，而是看得到却得不到。鱼玄机看得到，士子们把她当朋友，当爱人。但是那些口口声声说爱她宠她的男人，为什么不肯娶她，为什么不肯为她流连？哪怕曾经耳鬓厮磨，肌肤相亲，最终也成为匆匆的过客。他们永远如烟花灿烂，却又如流星而过，永远得不到。

此时此刻，鱼玄机在清冷的道观庭院弹琴吟唱起温庭筠的那首《更漏子》：

> 玉炉香，红烛泪，偏照画堂秋思。眉翠薄，鬓云残，夜长衾枕寒。　梧桐树，三更雨，不道离情正苦。一叶叶，一声声，空阶滴到明。

她不知道，后世曾有个叫亦舒的才女说，做一个女人要做得像一幅画，不要做一件衣裳，被男人试完又试，却没人买，待残了旧了，五七折抛售还有困难。

是的，那些甜言蜜语不过只是欺骗，那些海枯石烂之盟，生死契阔之誓，都只是一时的冲动，彼此暂时的麻醉。现在鱼玄机自己本身就是一幅画。她要把男人当作衣服，那么多的衣服，她要一件件来挑他们、穿他们。及时行乐吧，没有谁值得她再为之柔情万丈，没有哪个男人的伤害会再让她肝肠寸断。

只是，那曾经的悲情太苦，那正如雨滴梧桐叶，滴滴不止，声声不休，一个夜晚就这样过去了。

有道是："自叹多情是足愁，况当风月满庭秋。洞房偏与更声近，夜夜灯前欲白头……"

和人次韵　鱼玄机

喧喧朱紫杂人寰，独自清吟日色间。
何事玉郎搜藻思，忽将琼韵扣柴关。
白花发咏惭称谢，僻巷深居谬学颜。
不用多情欲相见，松萝高处是前山。

第六章

阶下囚：

惊魂彼岸花

纵情欢娱、挥洒才情的鱼玄机也许没有想到，命运正在向她亮出自己最后的底牌。

红叶地，待知音

这一年的暮春时节，几位锦衣华冠的贵族公子来到咸宜观中，拜访鱼玄机。他们带了诗稿，还带来酒食、歌姬和乐师。那天的歌宴从中午一直到晚上。我们完全可以想象，咸宜道观里，常常是一幅灯影幢幢、胡筲声声、歌舞翩翩的景象。

夜幕方落，鱼玄机的侍女绿翘端着乌银梅花酒壶，穿梭于觥筹交错间，为席客斟酒。她生得娇艳俏丽，斟酒时不时浅浅一笑。座上几名宾客目不转睛盯着她看。这让绿翘心下有些许得意。而这时鱼玄机挽着水色披帛，小山眉，淡妆，云鬟高盘，面带红晕，已有醉意。

今夜的鱼玄机一双醉眼，波光流淌，似乎有所牵挂。那位相貌清秀，神情腼腆的乐师边奏乐、边频频向鱼玄机秋波暗送，他便是陈韪。其实，在陈韪踏进咸宜观的那一刻，鱼玄机不由一怔，迷离中似乎看到此人生得身材魁梧，相貌英俊，颇有男子气概。鱼玄机对他一见倾心。

鱼玄机将一干贵族公子视为无物，独对陈韪青眼有加，因他身上散发出似曾相识的气味，令她回味沉湎。陈韪也抵挡不住窈窕道姑火辣辣的眼神，向其抛过无数仰慕的眼风，这更加撩动了鱼玄机的心，只感觉自己整个人都似燃烧起来。

宴席已尽，其他侍女在厅堂收拾，绿翘扶着玄机入房。簪钗摇颤，青丝散乱，她喃喃道：飞卿，飞卿……宛若梦呓。绿翘扶她上床，她眼角湿润，泪如雨下，一把抱着绿翘失声痛哭：翘儿，你知道什么叫心死吗？我十二三岁遇到温先生，他收我为徒，教我诗词，待我如女亦如友，可他知道我待他怎样，这爱，他知道却故作不知。他送我到子安面前时，我的心就死了。翘儿，你知道吗？我根本不想要什么才情，什么美貌，若能平平稳稳做人一世妻子便也知足了。李端公、左名场、李近仁，一个个地来了，又一个个地去了。为什么？为什么男人口口声声许下的诺言那么不可信？她喃喃自语，像在对绿翘说，又像在对自己述说。

"自能窥宋玉，何必恨王昌？"她永远做不到像世外仙人那般超脱，她渴望爱与被爱。绿翘知道，她的内心不能停止爱，哪怕伤痕累累。

这一次，她爱上了那个乐师，陈韪。夜里，鱼玄机无法平静，在床上辗转一夜。

一天，鱼玄机乘着小轿去拜访一位朋友，透过轿帘的缝隙只见牡丹、芍药、棠棣、木香各色花卉开得繁盛，卖花人提着马头篮沿街叫卖。看着这些花儿，她忽然想起小时候在平康里的情形。那时她还写过一首《卖残牡丹》呢！"红英只称生宫里，翠叶那堪染路尘。"当年的自己多么心高气傲。

她轻轻叹了口气，见那花儿着实香艳可爱，忍不住掀开轿帘向外望去。不防见人群中一个背着古琴的、熟悉的男子身影一晃而过，正是乐师陈韪。她便朝绿翘耳语几句。

那伶牙俐齿的绿翘一路小跑叫住那陈乐师，告诉他，玄机姐姐很喜欢他弹奏的古琴曲，想邀他有时间再到观里去小坐。陈乐师听绿翘这样说，远远朝那轿中的玄机看了看，顿时两眼生光，连连点头答应。

午后回来，鱼玄机茶饭无心，好不容易熬到上灯时分，终于在情思迷离中摊开彩笺，写下几句诗：

> 月色苔阶净，歌声竹院深。
> 门前红叶地，不扫待知音。

果然，陈韪第二天清晨来到了咸宜观。那天宴会结束回去后，他对美艳含情的鱼玄机也是暗自钦慕不已。没想到，天赐良机，居然在大街上遇到了佳人。于是他按照约定，找准闲暇时间急急地来到观里。

绿翘告诉他，鱼玄机早上出去了，在书案上留了一张诗笺。

说是陈乐师来了就让他看看。陈韪忙走上前，见了案上题诗，顿知伊人心思，愈加心神荡漾。他轻轻将诗笺收入袖中。

从此，陈韪便成了咸宜观中最受欢迎的客人，他和鱼玄机诗歌唱和，说不尽的缱绻温柔。只要有时间，就来幽会。鱼玄机每到喝得微醺时，叫他坐到她对面来弹琴。陈韪真是位琴功不错的乐师，弹得真是动听。那琴声总能叫她心旌摇荡，情思绵绵。

于是关门掩帘，只听得云房内时而传袅袅笙歌，时而传出阵阵低低的悄语，偶然又传出亲昵的笑声。这一切让绿翘在门外听到了，浑身像被妖娆的水草缠绕，顿感燥热。屋内人却浑然不知。

乐师陈韪深谙风情。他抚摸着鱼玄机娇美的脸庞，轻声念着诗："月色苔阶净，歌声竹院深。门前红叶地，不扫待知音。"鱼玄机听了怔怔若发痴一般，怆然泪下，泪水滴在乐师的手掌心。

鱼玄机对乐师陈韪的爱是炽烈的，经历了世事沧桑变幻的鱼玄机很希望有一个让她停泊的港湾。如今，她把这个希望寄托在乐师陈韪身上。当然，她也更希望这男子也是如此对待自己。她对陈韪倾注了满腔的柔情，常常留陈韪在闺房中。

那个时代，冶艳放浪的鱼玄机就像一只彩蝶，翩翩飞舞在长安城那些让她倾心的风雅男子、五陵年少们之间，采撷属于她自己的欢乐和春情。同时，她大概也感受到一个女人所拥有的美貌与才情发挥到极致的那种成就感和满足。

鱼玄机的生动、鲜活、泼辣、才华，整个长安城的男人都俯在她的石榴裙下，听候她的差遣。

然而，有人认为鱼玄机自甘堕落，自暴自弃，那也弄错了。

自从鱼玄机打出了"鱼玄机诗文候教"的招牌后，来拜访她的客人越来越多，让她应接不暇。其中，有些无赖之徒也趁机前来，他们把这里简直当成都市外的烟花柳巷了，这让鱼玄机很是生气。于是，一些不受欢迎的访客，她就拒而不见了。甚至有些已经见到她的访客，如果在席间出言不逊或举止无礼的话，还会被她当场赶出咸宜观。

鱼玄机自认绝非人尽可夫的娼妓，那些认为她像那些青楼女子一样可以招之即来挥之即去的人肯定是误会了。

一位自诩风流的年轻文士写了一首诗，让绿翘送给鱼玄机。在诗中，他极尽恭维之辞，将鱼玄机比作咏雪的东晋才女谢道韫和深居陋巷却品性高洁的颜回。最后表明他仰慕鱼玄机的才貌，想亲自登门拜访，与她结识。

绿翘笑着说："玄机姐姐，这位酸秀才想亲近你呢。"

鱼玄机读过那诗作后，轻轻一笑："又一位故作风雅的文人罢了。绿翘，取纸笔来。"

绿翘赶忙铺纸研墨，鱼玄机略一思忖，便写下一首《和人次韵》：

> 喧喧朱紫杂人寰，独自清吟日色间。
> 何事玉郎搜藻思，忽将琼韵扣柴关。
> 白花发咏惭称谢，僻巷深居谬学颜。
> 不用多情欲相见，松萝高处是前山。

头一句就颇有调侃味道：在满大街穿朱衣紫的贵人中间，我这一介平民女子却在阳光下独自吟诗。不料你这位"玉郎"穷搜辞藻，雕饰文辞，携诗前来上门拜访。可是您在诗中弄错了。说玄机是咏雪的谢道韫，那太让我惭愧了；说我居住在这偏僻深巷中，是想学习孔门弟子颜回，就更荒谬了。其实如果真想见我，不必如此大费周章地谬赞恭维，我就住在那片松萝丛林的前山高处。

"白花发咏惭称谢，僻巷深居谬学颜"这两句，分别把自己比作谢道韫和颜回。虽然可能是对方的恭维谬赞，但在次韵的和诗里明白写出来，也未尝不是引以明志。仔细品味，谢道韫是东晋女诗人，聪慧有才辩。这里，鱼玄机其实也是借以谢道韫自许，能对雪吟诗，自负有"咏絮之才"；颜回是孔门弟子，《论语·雍也》曰："一箪食，一瓢饮，在陋巷，人不堪其忧，回也不改其乐。"鱼玄机这里也未尝不是说自己安贫乐道，拒绝无聊打扰。

"不用多情欲相见，松萝高处是前山。"外面长满松萝的高处就是前山，"松萝"是指松树和藤萝，在道家语境里多指有道的仙人居住之处。这里，鱼玄机以此抬高自己的身份，表明自己高洁的心性，含蓄地让对方知难而退，打道回府。

明代钟惺《名媛诗归》评论这两句诗表面看来"语意和缓，亦不甚矜张"，而"细味其词气，亦觉刻薄殆尽矣"。其实，诗中的"喧喧朱紫""玉郎""琼韵""惭称谢""谬学颜"等都有点调侃意味。鱼玄机借对方的恭维赞辞，以才思敏捷的谢道韫和居陋巷不改其志的颜回自喻，对轻薄无才、粗俗下流的求见者冷言直斥，拒之门外，请他们不要自作多情地来求见了。

全诗一扫柔曼纤丽，显得尖锐幽默，还有几分戏谑意味。可见鱼玄机"谑浪"风采一点不亚于《红楼梦》里的林黛玉。于是，不少平庸粗俗而又色心炽烈的男人被挡在了咸宜观外，也尝到了某种想要征服异性的挫折感。

有道是："应为价高人不问，却缘香甚蝶难亲。"这就是鱼玄机，一个热辣辣、冷冰冰、温柔而又犀利、美艳而又多刺的鱼玄机；一个艳名在外却又绝非自轻自贱的鱼玄机。

萧墙祸，艳魂销

　　一女僮曰绿翘，亦特明慧有色。忽一日，机为邻院所邀，将行，诫翘曰："无出。若有熟客，但云在某处。"机为女伴所留，迨暮方归院，绿翘迎门曰："适某客来，知炼师不在，不舍辔而去矣。"客乃机素相昵者，意翘与之狎。及夜，张灯扃户，乃命翘入卧内。讯之，翘曰："自执巾盥数年，实自检御，不令有似是之过，致忤尊意。且某客至，款扉，翘隔阖报云：'炼师不在。'客无言，策马而去，若云情爱，不蓄于胸襟有年矣，幸炼师无疑。"机愈怒，裸而笞百数，但言无之。既委顿，请杯水酹地曰："炼师欲求三清长生之道，而未能忘解佩荐枕之欢。反以沉猜，厚诬贞正，翘今必死于毒手矣。无天则无所诉；若有，谁能抑我强魂？誓不蠢蠢于冥莫之中，纵尔淫佚！"言讫，绝于地。机恐，乃坎后庭瘗之，自谓人无知者。时咸通戊子春正月也。有问翘者，则曰："春雨霁，逃矣。"

　　客有宴于机室者，因溲于后庭，当瘗上，见青蝇数十集于地，驱去复来。详视之，如有血痕，且腥。客既出，窃语其仆。仆归，复语其兄。其兄为府街卒，尝求金于机，机不顾，卒深衔之。闻此，遽至观门觇伺，见偶语者，乃讶不睹绿翘之出入。街卒复呼数卒，携锸共突入玄机院发之，而绿翘貌如生。卒遂录玄机京兆府，吏诘

第六章　阶下囚：惊魂彼岸花

之，辞伏，而朝士多为言者。府乃表列上，至秋，竟戮之。在狱中亦有诗曰："易求无价宝，难得有心郎。明月照幽隙，清风开短襟。"此其美者也。

　　　　　　　　　　　　——皇甫枚《三水小牍》

　　唐女道鱼玄机，字蕙兰，甚有才思。……竟以杀侍婢为京兆尹温璋杀之。有集行于世。

　　　　　　　　　　　——孙光宪《北梦琐言》卷九

　　这是关于鱼玄机生命最后一段日子的历史记录，大约也是史实。

　　《三水小牍》的作者皇甫枚与鱼玄机是同时代的人，他所居住的长安兰陵坊，邻近鱼玄机所居的咸宜观。因此，他关于鱼玄机的记叙应是相当可信的。《北梦琐言》的作者孙光宪是一位治学比较严谨的学者，他生活的时代晚于鱼玄机几十年。他所写关于鱼玄机的记述应基于比较可信的原始资料。笔者根据这些记载和相关史料，尝试还原一下那个场景。

　　在咸宜观里"诗文候教"的日子不觉又是几年过去了，鱼玄机的贴身侍婢绿翘已经出落得眉目清秀，肌肤细腻，身姿丰腴。这个聪慧伶俐的女孩做事机灵，又十分乖巧，所以深得鱼玄机的信任和重用。由于常常陪伴鱼玄机在那些京城显贵名流中周旋，也学得双眼含媚、善弄风情。

　　这天，鱼玄机又接到了邀请，让她去参加一些文人们的饮宴雅集。玄机临出门前告诉绿翘："若有熟客来，就告诉他我去了哪。"

玄机出门去，道观内难得的清净。

当绿翘回到云房中时，突然有人从身后抱住她，是那乐师陈韪……

玄机此时正沉浸在清宴聚会的热闹之中。宴席间，鱼玄机永远是最受瞩目的一个，总被众星捧月般前呼后拥。认识的，不认识的，红袖青衫交错，一群人掷骰子，行酒令，联名成诗，觥筹交错，笑语喧声。

酒宴诗唱，一直乐到暮色四合时，鱼玄机才回到咸宜观。咸宜观里，陈韪早已离去。绿翘衣衫不整，鬓发散乱，默默整理着弄乱的枕席。

耳畔车马声近，鱼玄机迈着松软无力的醉步穿过长廊，堂前冷落并无一人。"翘儿，翘儿"，鱼玄机微嗔，"这小丫头子跑哪里去了。"

绿翘慌忙迎出来，脸色泛着潮红，钗斜鬓松，忙不迭地整理衫裙。

鱼玄机懒懒问道："陈乐师可来过了？"绿翘忙禀报道："陈乐师午后来访，我告诉他你去的地方，他'嗯'了一声，就走了。"

鱼玄机疑窦顿生：陈韪平时来访一定会问我在什么地方，他为何没去找我？即使找不到我，也总是耐心地等我回来，怎么会急急走了？他可是个见了美女就拔不动腿的人。眼前绿翘出落得美艳如花，他肯轻易放过吗？莫非，他们背着我做过什么苟且之事？……

再看绿翘，只见她双鬓微偏，面带潮红，双眸流露着春意，举止似乎也有些不自然，于是问道："他为什么不等我？"

"不，不知道，"绿翘眼神躲闪，"我真的不知道。"

鱼玄机用手指狠狠戳了一下她的头，冷冷一笑："你给我等着！"

入夜，点灯闭院，鱼玄机把绿翘唤到房中，强令她脱光衣服跪在地上，厉声问道："今日做了何等不轨之事，从实招来！"

绿翘吓得缩在地上，颤抖着回答："自从跟随师父，绿翘一直谨小慎微，随时检点行迹，不敢有违命之事。今天陈乐师来后，我只是隔着门扉通报，说您不在。然后他就策马走了。说到情爱，我早就无心于此，请您不要怀疑我。"

鱼玄机逼近绿翘，绿翘脖颈上几处殷红刺入她眼中。那是指甲划痕。

"这是什么？"鱼玄机眼色凌厉地逼视着小婢，"还要嘴硬？"

绿翘面色通红，矢口否认自己有解佩荐枕之欢。

于是主人便挥动藤条发疯地抽打。绿翘被逼至极，又羞又怒道："本是你情我愿的事，姑娘又何必处处掐尖要强，这咸宜观还有哪里是干干净净的地方不成？"她对鱼玄机反唇相讥，历数她的风流韵事，还破口大骂："你这道貌岸然的淫妇，我变成厉鬼，也不放过你……"

霎时，鱼玄机暴跳如雷。所有已经愈合结痂的伤口，在那一刻愤怒地崩裂开来。绿翘被打得奄奄一息，哀求说想喝点水。当她接过鱼玄机递来的水后，却随即浇在地上："玄、玄机姐姐，你，你是这咸宜观中的女冠，要追求三清长生之道，却忘不了枕席风流之欢。如、如今竟如此猜忌厚诬于我。哪、哪怕我今天死于你手，上、上天也不会纵容你的。"

鱼玄机闻听，手不择物，拿起身边的东西，没命地抽打，泪水恣意流淌，如一头受创伤的兽般沙哑地叫着，下手狠辣。人性中的脆弱底线在那一瞬间弃守了，恶的因子爆裂般疯狂释放……

她眼前已不是绿翘，而是妖冶放浪的自己，她痛恨那个自己，可却再也回不去当初那个洁白纯净的鱼幼微，仿佛只有这样狠狠地发泄，才能减轻心中积郁太久的痛苦。

不知道过了多久，她身子瘫软了，坐在了地上……"啊！"她惊呼出来，这时她才惊觉绿翘已经断气身亡。

一看出了人命，她顿时慌了手脚，趁着夜深人静，在房后院中的紫藤花下挖了个坑，把绿翘的尸体埋了进去。

玄机起初拷打绿翘时，也许并无置她于死地之念。但蓄积已久的怨怼、戾气与陡然喷发的怒火妒火，交织冲撞，竟使得一时情绪失控，覆水难收。

过了几天，陈韪来访，问起："为何不见了绿翘？"鱼玄机看他一眼，冷冷答道："这个臭丫头，天一放晴，逃走了。"

心里有鬼的陈韪不敢多问，这事也就不了了之。

已是初夏时节，道观里的几株蔷薇红艳似火。观外有报，说有几位新客来访。来客颇为识趣，知道鱼玄机喜欢美酒、美食，还让仆人驾了马车，带了三坛美酒。于是，这天他们几个跟鱼玄机一面谈诗论文，一面饮酒。临近黄昏时，人们已是酒酣耳热。一位客人突觉得下腹略胀，就到咸宜观后院紫藤花树下小解。刚到那就惊起了一大群绿头苍蝇。这些苍蝇聚集在花下浮土上，驱赶开后又聚过来。他觉得奇怪，蹲下嗅一嗅，还有一阵血腥之气扑鼻而来。原来苍蝇就是冲着这个味儿来的。

奇怪，道观里怎么会有血腥之气呢？他心里犯起了嘀咕。在坐马车回去的途中，客人就把这事当作闲话讲给了赶马车的仆人。

这仆人的哥哥恰好在官府里做巡街捕头。第二天，他在哥哥家喝酒吃饭时，也就作为谈资将昨日奇闻讲了出来。捕头一听，觉得这事有些蹊跷。他刚好与那咸宜观里的鱼玄机有点过节，曾经想以有伤风化为名，找鱼玄机敲诈点钱还赌债。谁知她居然不给面子，一口回绝了。

这巡街捕头想了想，嘱咐兄弟不要声张，暗地里却去道观周围打听，看有没有什么线索。果然，道观中的侍婢绿翘失踪好久了，生不见人，死不见尸。据说是与鱼玄机一个情人有染，被发现后逃跑了。从兄弟听说的这件蹊跷事儿来看，这事儿还真不简单。绿翘会不会被人谋杀了呢？

于是他在道观里高朋满座的一个下午，派了一个很有经验的仵作（相当于现在的办案法医），化妆成客人的仆人，进行了实地勘察。派去的仵作回来报告说：泥土翻新，隐见血迹，一股子血腥气很是呛鼻，青蝇成群挥之不去，当有人畜埋于该处。

捕头一听，就带了七八个衙役，以追查朝廷要犯为由闯进咸宜观，直趋后院紫藤花下。七手八脚一阵深挖猛刨，将带有血迹的泥土挖了个底朝天：一具年轻女孩的尸体赫然出现在众人面前，面容肤色竟一如生时。捕头把道观的其他小道姑、婢女叫过来进行辨认，众人一致认定她就是绿翘。

于是，捕头就带着衙役直扑道观大殿，将鱼玄机捉拿到了官府。

鱼玄机站在囚车中，目光扫过街边两旁的人群。那些人们正在对她指指点点。

她发现，这些人的目光是一种让她无比熟悉的目光，那种目光她也曾经拥有，在这目光的后面是一团熊熊燃烧的火……

鱼玄机被带到公堂，抬头看座上，当堂正襟危坐审问她的竟是昔日追求她而遭拒绝的裴澄。真是人生何处不相逢啊。

裴澄称绿翘尸体已验过了，身上有鞭痕。而且，观中也有人指证鱼玄机鞭打过绿翘。不料鱼玄机直白地回答，绿翘就是自己打死的。裴澄没想她这样爽快，有点诧异。裴澄毕竟也是个诗人，看到这样一个美丽的女人即将被自己送上断头台，心里竟然生出一丝惋惜。毕竟京城不少人暗中予以关照，有心要保她一命。

哪知鱼玄机这样爽快地招认了。裴澄一怔：这又是何苦来哉？

玄机看看他，笑道："我走的是很多女人不曾走过、也不敢走的路，累了，现在也该结束了。"是的，她就像一只风筝飞得太高太高，俯视间看到了人世间的虚无和荒诞。她所有的爱和付出都被这虚无吞噬了。她太累了，不想再飞。

但事涉人命，裴澄只得让鱼玄机在供状上签字画押。随后将鱼玄机押入死牢，并将案卷移交给京兆尹温璋审决。

审理鱼玄机杀人案的是温璋。他被人称作"勇于杀戮，京邑惮之"的酷吏。作为首善之区长安城的官员，京兆尹温璋这几天颇是忙碌。由于案情重大，说情者纷至沓来。十多位官员、士绅纷纷前来为鱼玄机说项，可见这鱼玄机在长安城里文艺圈里也算是名人了。她交游极广，人脉众多。

温璋却不以为然：京城是天子脚下，各种社会关系盘根错节，管理起来阻力重重，致使京城治安混乱复杂。温璋曾经说："罪无轻重，恶无大小。除恶务尽，犯意方绝，此谓之能治者。"他一上任，就把大牢内关押的人犯无论罪轻罪重全部处以死刑。一时间，京城治安秩序井然。

自然，他对犯下这样影响重大的命案的鱼玄机不会轻易放过。本来，依照唐朝法律，鱼玄机罪不至于杀头。《唐律疏议·斗讼》规定："诸奴婢有罪，其主不请官司而杀者，杖一百。无罪而杀者，徒一年。"如果不愿服刑，还可以破财免灾。另一项规定说："徒刑五。一年，赎铜二十斤。一年半，赎铜三十斤。二年，赎铜四十斤。二年半，赎铜五十斤。三年，赎铜六十斤。"因此，鱼玄机枉杀绿翘，至多获刑一年。如果出钱，上缴铜钱20斤就行了。

遇到温璋这样的酷吏，鱼玄机自然凶多吉少。经审讯，鱼玄机因杀人罪被判处斩刑。温璋朱笔批下"秋后问斩"，很快就将案件卷宗上报到大理寺。由于朝廷中有许多人替鱼玄机求情，大理寺只好把此案上奏皇帝。

当时正是唐懿宗李漼在位。这位晚唐时代的皇帝一味沉湎游乐歌舞，整个官场也都弥漫着穷奢极欲、醉生梦死的风气。以草菅人命、滥杀无辜著称的唐懿宗看了鱼玄机的卷宗后，朱笔钦批：将鱼玄机秋后问斩弃市。

秋夜渐深，寒意侵骨。深牢窗外悬着一弯残月。牢中，穿着囚衣的鱼玄机不时打着寒战。她起身来到窗前，仰望幽深的夜空。

一盏油灯光影摇曳，窗外弯月如镰。昔日名动长安的才女，今日沦为阶下囚。鱼玄机细细回首这一生：先父早亡，沦落平康里，本来期望做个平凡的小女人，可是为什么一切都不如愿。温庭筠可望不可即，李亿可即不可靠，那左名场莫明其妙地玩消失，连那个弹琴吹箫的小男人陈韪也背叛自己，茫茫人世，试问还有谁能靠得住？

提起羊毫笔，她的手却微微颤抖："明月照幽隙，清风开短襟……"

明月清风里，她看到了自己的孤魂。人们说女人就像一根藤，男人是树。可她这根藤兜兜转转、弯弯绕绕，总也缠不牢一棵树。多年累积的挫折、伤痛，让这个心高气傲、才思葱茏的女子尝尽煎熬。命运划出了一个荒谬的轮回。

那一瞬间，抵死的绝望充溢于胸，她深感疲倦，心如死灰。

咸通九年（868），长安西市。明媚的春光里，鱼玄机面对着祖胸露怀的刀斧手，脸色苍白，一言不发。看着长安城蜂拥而至的看客们，她忽而微扬嘴角，似笑非笑，表情从容中透出一丝嘲讽。这种临死前还平静得可怕的神态，让长安城里的那些看客们印象深刻，很多年后还记忆犹新。

她的目光有些迷茫地穿过那位刀斧手的头，穿过监斩官轻颤的乌纱帽。她看到了围观人群中那一张张冷漠而苍白的脸，那中间竟有曾经和她交往过的王孙公子们。那些和她有过肌肤之亲、诗文之谊的男人们此时形同陌路，那些目光冷得像冰。

她的目光又穿过纵横交蔽的树林枝柯，看到了蓝的天、白的云，看到了时光行走的曼妙步伐，看到了很多年前的那个遥远而温暖的暮春午后，看到了那张很丑却异常温柔的男人的脸，还有那一年十二岁的她写下的《赋得江边柳》。

想到那个无比温馨的时刻，想到比父亲更疼爱怜惜自己的飞卿，二十五岁的鱼玄机心里一疼，竟不由闭上了眼睛，泪水止不住地流了下来：飞卿啊，飞卿，是你成全了我，也是你毁了我！

千万恨，恨极在天涯。纵然她百媚千娇，纵然她倾国倾城，纵然她才情卓异，也逃脱不了这"萧萧风雨夜，惊梦复添愁"的结局。

直到那美丽的头颅即将离开身躯，她反倒比一生中任何时候都把这世界看得更加清晰。

她感到自己正追逐那缥缥渺渺的仙乐，在天空中回荡、盘旋。此时，她不是鱼玄机，她是鱼幼微，巧笑嫣然，蹦着、跳着，随着仙乐和着春光升上天空，那里，有她的父亲、母亲。

也许，她还在寻找，寻找此生最深的眷恋：飞卿，若有来生，一定嫁你为妻。鱼玄机心头一痛，眉间轻蹙，轻挥长袖，掩面而去。

在命运这湾深海中，她若一尾远离水源的鱼。眼睁睁看着自己干渴，死去，却无力拯救。最后变成一条看破红尘泪流满面的鱼。

即便心比天高，可是沧海难渡，逃不脱命有玄机。

"幽微灵秀地，无可奈何天。"鱼玄机已经死去了，成为一个凄美的传说。

她要喝孟婆汤，要过忘川河，要彻彻底底地抛弃曾经的一切，重新来过。她看见河岸上飘过了彼岸花，那种闪着神光的曼珠沙华。

相传彼岸花只开于黄泉，一般认为是只开在冥界三途河边、忘川彼岸的接引之花。彼岸花如血一样绚烂鲜红，铺满通向地狱的路，且有花无叶，是冥界唯一的花。

传说这彼岸花香有魔力，能唤起死者生前的记忆。在黄泉路上开着大批大批的这种花，远远看上去就像是血所铺成的地毯，又因其红得似火，黄泉之路被喻为"火照之路"，彼岸花也是这长长黄泉路上唯一的风景与色彩。当灵魂渡过忘川，便忘却生前的种种，曾经的一切都留在了彼岸，往生者就踏着这花的指引通向幽冥之狱。

红色的彼岸花寓意着"无尽的爱情、死亡的前兆、地狱的召唤"。

鱼玄机轻轻捧着彼岸花，默默许下心愿：下一世，我一定要找一个我爱他、他也爱着我的人，一起度过。

鱼玄机的人生际遇可谓风云突起，变幻莫测，短暂生命中充满的几乎全是灰寒之色：贫寒女、外宅妇、弃妇、女道士、妒妇、杀人犯，她的生活苦难而艰辛。

如今对于人世间来说，鱼玄机曾经像一场华丽绚烂的烟花，在长安城留下过耀眼的光华。而现在，天空一片澄澈和宁静，好像什么也不曾发生过。

咸宜观中，草木萧瑟。一个华发丛生的半老男人踟蹰而行。

他看到了鱼玄机亲手栽下的那三棵柳树。在错落的时光中，柳条绿了又青，青了又黄，随风款摆。

这一刻，他仿佛又看到了那个眉目清秀、眼波流转的小姑娘，一双小手羞羞涩涩地把自己的小诗呈上：

> 翠色连荒岸，烟姿入远楼。
>
> 影铺秋水面，花落钓人头。
>
> 根老藏鱼窟，枝低系客舟。
>
> 萧萧风雨夜，惊梦复添愁。

真是命有玄机，造化弄人。

他眼前顿时一片朦胧、模糊。啊，你看，那阳光下的杨柳，正脉脉含情，随风飘荡，要为他婆娑起舞……

后来，在他的诗集中，人们又找到了一首《晚坐寄友人》：

九枝灯在琐窗空，希逸无聊恨不同。

晓梦未离金夹膝，早寒先到石屏风。

遗簪可惜三秋白，蜡烛犹残一寸红。

应卷鰕帘看皓齿，镜中惆怅见梧桐。

这首诗诗意暧昧含蓄，遣词精致，画面寂寞中又透着几分温馨。那么，诗题中的这个"友人"到底是谁呢？这首诗是不是写给鱼幼微的呢？

诗中写自己在晓梦早寒时分的相思心境。从诗中的"遗簪可惜三秋白，蜡烛犹残一寸红"可知，让他彻夜未眠所思念的远方友人是位不在人世的女子。他手执当年鱼玄机赠给他的发簪，内心凄楚惆怅。"三秋白""一寸红"是何等令人惊心动魄的色彩对比，这是何等深挚的思念！

而"应卷鰕帘看皓齿，镜中惆怅见梧桐"两句，则表达了一种难言的复杂情感。"皓齿"当是指红唇皓齿、青春芳华的红颜知己。他卷帘时恍惚间看到了当年她那红唇皓齿的美丽容颜，一转眼又在铜镜中看见了那一树寂寞的梧桐。

在诗词中，梧桐意象多为表达秋色和相思之意。而"梧桐半死"为失偶之意。有道是："梧桐半死清霜后，头白鸳鸯失伴飞。"在古代文学中，梧桐常常是凤凰所栖之木，多被寓意美丽红颜的命运归宿。

温庭筠这首诗中的"梧桐"，恰好与当年幼微那首《冬夜寄飞卿》一诗中的"梧桐"彼此呼应——"幽栖莫定梧桐处，暮雀啾啾空绕林"。当年的鱼幼微以一种聪明而优雅的方式叩问他内心的情愫：

你愿意做我生死相栖相伴的梧桐树吗？

如今佳人已去。我们不妨解读为，温庭筠以一种隐晦的诗意回应了早年幼微的情感叩问：人间天上，独我怜卿！

从此，这位花间词人笔下的那些美女，总是那么寂寞，那么悲情。

红颜逝，叹命薄

北宋钱易在《南部新书》中说："女道士鱼玄机住咸宜观，攻篇什。杀婢绿翘，甚切害，事败弃市。"《全唐诗话》记载："（鱼玄机）以笞杀女童绿翘事下狱。"皇甫枚在《三水小牍》一书中，以《鱼玄机笞毙绿翘致戮》为题，以小说笔法详细交代了这场命案的全过程。

按《三水小牍》说法，鱼玄机死于咸通戊子秋，即公元868年秋。笔者认为皇甫枚作为与鱼玄机同时代的人，这个记载应该不会有误。而且《北梦琐言》亦载"竟以杀侍婢为京兆尹温璋杀之"。两《唐书》均可查到温璋咸通九年（868）确实任作京兆尹，因此可以确定玄机死于咸通九年。

鱼玄机由一位诗名远扬的诗童，一位青春活泼的"里家女"，变成一位状元郎的外宅妇，再变成咸宜观里的女冠诗人，再因美貌多才成为文人圈里的社交红人，最后竟成为笞杀女婢的阶下囚，走上了断头台。其间，她的心理历程无疑充满了种种不足为外人道的痛苦挣扎和无奈。

是的，失去李亿的沉重打击使她内心积累了太多的焦虑、恐惧、不安和无助。当她再次面对情感的出轨和背叛时，已经无法再平静地面对。正如学者梁晓云在《挣扎，以死亡为脚注——鱼玄机的矛盾世界》一文中所说："受伤的野兽在极度愤怒中，会爆发出更强烈的攻击性。此时的鱼玄机在对绿翘的猜疑中，她被李亿无情抛弃的伤口再度被撕裂和唤起。她敏感而脆弱的神经再次陷于对被冷落和抛弃的猜疑和恐惧，于是走向了崩溃。"

女性的敏感、诗人的多情，使她头脑中种种痛苦的体验瞬间再现，她绝不愿让那些情境那些痛苦再次在现实中重现。积郁已久的怨气、戾气和妒火，使她在那一特定的瞬间失去了理智，变得歇斯底里，变得如疯如魔。

她本能的下意识的疯狂举动，其实正在是内心自卑和痛苦的大爆发，是对宿命的逃避和转移。是的，她不敢也无力反抗男权社会的强势，却把男性社会所强加的痛苦加倍转移到了比自己更低贱卑微的同类身上。这其实是一种懦弱的发泄和自我轻贱之举。白居易说过："人生莫作妇人身，百年苦乐由他人。"对于那个时代命如蝼蚁的红颜女子来说，命运的链条竟是这样清晰、无情、坚硬和尖锐。

正如学者梁晓云所说，鱼玄机内心强烈的向上伸展性、对命运的不甘与挣扎，其实和她在现实中的坠落轨迹几乎是相伴相生的。她越是挣扎，封建礼教之网就束缚得越紧，甚至越不容她这样的人存在。最后，以一个极端的事件来为人生画上休止符。旧时代的律令如铁一样不可撼动。一个再有才华、再美艳的女子在这样的时代又能走多远呢？

是啊，有道是"杀人如草不闻声"。古今多少红颜女子就是被这个律令无声无息地吞没了青春和生命。清代黄星周在《唐诗快》

中，对鱼玄机的命运发出这样感慨："世间至难得者佳人也，若佳人而才，岂非难中之难？乃往往怫惨流离，多愁少欢，甚至横被刑戮，不得其死。""夫造物之待才人，固极刻毒矣，何其待才媛亦复尔尔耶？"

这是极为痛切的中肯之言。

鱼玄机所犯杀人罪当然要追究刑事责任，但是不能以现代人的想法来想当然。封建时代的唐朝，是一个等级森严的社会。法律面前并非人人平等。"良"与"贱"存在着不可越的鸿沟。作为奴婢，并没有获得正常人的社会地位。他们甚至和家资财产一样，都属于主人。

如前文所说，依照唐朝法律，杀害奴婢也并不是死罪。地方官为何揪住不放，非要处决鱼玄机呢？也许这与那个时代的情势有关，也与当政者有关。

唐高宗登基初年，大理寺正卿报告："全国在押囚犯只有五十多人。需判死刑的，仅仅两个。"宽平公正的司法制度，一直持续了一百多年。等唐宣宗接班，风向就变了。《新唐书》里说他："自喜刑名，常曰：'犯我法，虽子弟不有也。'然少仁恩，唐德自是衰矣。"皇帝直接插手司法，随之严刑酷治满天飞。鱼玄机笞杀女婢事件发生时，已是唐懿宗在位，他也是个草菅人命的暴君。《旧唐书·懿宗本纪》讲到一件事：他的女儿因病医治无效死去后，他竟立刻斩杀御医。因此被牵连的无辜家属达三百多人。连无辜者都能受到株连，更何况鱼玄机身负命案，终是难逃一死。

特别是审理鱼玄机杀人案的，偏又是位著名的"酷吏"温璋。温璋早年以父荫入仕，咸通年间被任命为徐泗节度使。民风剽悍的徐州一直是难以管制的地区。徐州大将王智兴趁平定节度使叛乱之机，招募两千人组成银刀军。温璋前任叫田牟，这田牟为拉拢银刀军，经常和他们一起喝酒，赏赐的钱财数以万计。但银刀军仍不满足，稍有不顺就群起喧哗。温璋到来以前，银刀军就打听到温璋治军严谨，心怀猜忌。温璋把重兵埋伏在城外，为消除银刀军疑虑，接连请他们吃喝数天，等他们完全放松警惕后，突然出击，把带头作乱的五百人当场杀死。可见温璋治军手段酷烈狠毒。不过，那些没有被根除的银刀军恨他已极，再次密谋，突然聚集在一起把温璋赶出了徐州。

咸通八年（867），温璋任京城长安最高行政长官京兆府府尹。他刚正不阿，疾恶如仇。《北梦琐言》记载："温璋为京兆尹，勇于杀戮，京邑惮之。"《三水小牍》中有一篇《逸文》曰："温璋，唐咸通壬辰尹正天府。性黩货敢杀，人亦畏其严残，不犯，由是治有能名。"这个温璋"严残"到什么程度？《逸文》中说："京兆尹之出，静通衢，闭里门；有笑其前道者，立杖杀之。"他在街上走，遇见的老百姓都不敢笑，因为一笑就会被杖杀。鱼玄机落在这样一个酷吏手中，其命运也就可想而知。

关于鱼玄机的罪案，现代学者也有新的观点和看法。谭正璧在《中国女性的文学生活》中，一方面充分肯定了鱼玄机的诗品和人品，另一方面对笞毙绿翘致戮之案提出了质疑："我对玄机之杀绿翘，深有怀疑。……在唐代如果确已有衙役索诈的事，那么也难保有屈打成招的事。她杀了人又无他人作证，她如何会贸然承认？或许因为衙役索诈不遂，遂杀童埋于她院中，以图陷害。事发，官吏又串通一气，以致屈打成招。这位京兆尹温璋又是以'为政严明，力锄宿弊'出名的，对于玄机的平日行为，早已有所不满，一旦犯罪有据，自然不去多寻底细，以除去为快！……既已定罪，谁肯为她多争辩，所以任她这样冤抑地死了。"

温州大学张乘健教授也质疑《三水小牍》的真实性。他认为，《三水小牍》关于鱼玄机"妒杀"绿翘的故事有编造痕迹。一是受害人绿翘已死，她死前和鱼玄机说的话来源不可靠，文中却是长篇大论，滔滔不绝；二是绿翘作为鱼玄机的女僮，年龄顶多不过十几岁，而说话义正词严，全然不像天真烂漫的稚龄女孩子口气。在张乘健看来，这些话未见得是皇甫枚所编造，很可能就出自京兆府刀笔吏对鱼玄机罪案的陈述；而绿翘斥鱼玄机"淫佚"，简直就是京兆府尹对鱼玄机严正的判词。所以张乘健认为，绿翘事件必定有复杂的背景，里面隐藏着隐秘的委曲和细节，所谓鱼玄机"妒杀"案可能是亘古之谜，甚至很有可能是千古奇冤。

不过，质疑归质疑，更多学者认为鱼玄机妒杀女婢的事实应该是存在的。从社会历史文化的角度来看，鱼玄机既是一个心理乖戾的加害者，也是一个男权社会和封建礼教的受害人，一个被侮辱被损害的知识女性。

鱼玄机的一生可以说是短暂、坎坷、充满了辛酸寂寞的，但同时她的一生又是追求自由的、执着的。她年少时诗名远扬，引起人们关注和赞许。及笄之年嫁给李亿为外室，婚后还算过了几年安逸快乐的日子，最终却因出身低微而被抛弃。万般痛苦中入道观，纵情欢娱难掩人后的落寞和孤寂。情路坎坷使她性格发生了某种变异。醋意爆发之下误杀婢女，由一个风姿绰约、才华横溢的多情女成为杀人犯，最后一缕香魂就此断绝。

其实，当她还叫作鱼幼微的时候，只不过是长安城平康里的普通女孩子，最初的人生梦想也许只是一心干干净净地嫁出去，平平安安地活下去，亲亲热热地过举案齐眉、相夫教子的小日子。然而命运并没有让她走一条凡俗女子都要走的路。是啊，如果仅是美丽也罢，如果只是聪明也好，但她样样都占尽。少女的芳华像极了莲花台上翩跹的舞姿，灵动、超凡而又缥渺。这样一个有颜且有才的女孩子最初风光占尽，跋涉到人生的最后却是四大皆空！

《南部新书》描述她最后结局是寥寥四字："事败弃市。""弃市"即"暴尸街头"。这阴森森、血淋淋的四个字仿佛让人看到行刑台上的鱼玄机面色惨白、鬓发散乱。秋凉如水，碧空如洗。行刑台四周，挤满了观刑的人群。午时三刻行刑。刽子手一刀下去，那温热柔软的青春玉体便应声倒在汩汩的血泊之中，逐渐变得冰冷僵硬，一动不动。

自古红颜多薄命。一代才女诗媛就此香消玉殒，魂断长安。

女性诗，千秋论

鱼玄机死时年仅二十五岁。她的诗作收入《全唐诗》的有五十首，这也是目前流传下来的她的所有诗的数量。对鱼玄机其人其诗的评价很多，归纳起来大致可分为两类。

一类从封建卫道的思想角度出发，认为鱼玄机才高貌美却人品恶虐，是"娼妇"、是"笞杀女童的凶手"。如陈振孙《直斋书录解题》："妇女从释入道，有司不禁，乱礼法，败风俗之尤者。"胡震亨《唐音癸签》："鱼最淫荡，词体亦靡弱。"黄周星在《唐诗快》

中说："鱼老师可谓教猱升木，诱人犯法矣，罪过，罪过！"这些看法实际上是以人废诗，是对鱼玄机诗作的片面评价和故意贬低。

另一类是比较正面的评价。如皇甫枚《三水小牍》："（玄机）色既倾国，思乃入神，喜读书属文，尤致意于一吟一咏。"孙光宪《北梦琐言》："（玄机）甚有才思。"辛文房《唐才子传》中称道："尝登崇真观南楼，睹新进士题名，赋诗曰：'云峰满目放春晴，历历银钩指下生。自恨罗衣掩诗句，举头空羡榜中名。'观其志意激切，使为一男子，必有用之才，作者颇赏怜之。"哪怕是上面说鱼玄机"诱人犯法"的黄周星，其实对鱼玄机的才华也十分欣赏。这些评论都肯定了鱼玄机的文学才华和诗作的文学价值。

而明代徐献忠《唐诗品》评价更高："玄机形气幽柔，心惊流散，其于子安，情寄已甚。而《感怀》《期友》，及《迎李近仁员外》诸作，持思翩翩，尚有余恨，虽桑间濮上，何复自殊？其诗婉茜悲凄，有风人之调。女郎间求之，则兰英绮密，左芬充腴，生与同时，亦非廊庑间客也。"他认为鱼玄机气质幽静温柔，而情思流动奔放，她的很多爱情诗篇颇有《诗经》"国风"中的情调和韵味。

在鱼玄机的诗作中，七律有十七首，七绝十四首，五律十一首，七言排律三首，五言排律三首，六言诗二首，另有五言诗句四联，七言诗句一联。她擅长写作难度较大的格律诗，七言多于五言，且都为近体诗。特别是她的七言排律诗，得到后世诗评家们的称赞和推重。如明代诗评家胡应麟在《诗薮》中对鱼玄机的七言排律评价极高："余考宋七言排律，遂亡一佳，唐惟女子鱼玄机酬唱二篇可选，诸亦不及云。"在唐宋七言排律诗中，鱼玄机的两首七言排律名列前茅。她的这些诗可谓是推敲炼字，精雕细琢，字字声金，富有诗韵。可见，就纯粹的诗艺技巧而言，鱼玄机绝对是行家里手，而非偶尔玩票者。

这五十首诗大多数都写于咸通二年到咸通九年（861～868），也就是诗人在十八岁到二十五岁这短暂的生命历程中所作，她可谓是绮年玉貌，才情卓异，在最美的年华写最好的诗。相当一部分诗作描写的是她自己追逐爱情时的浪漫情怀和爱情幻灭后的悲情，也有一些与友人的来往唱和诗篇，还有成为女冠后的清修生活和对人生、世事的感悟。

在短暂而悲凉的一生中，鱼玄机始终如飞蛾投火一般执着地追逐真挚的爱情，向往幸福美好的人生。她那些大胆热烈的爱情组诗在中国文学史上有着独特的魅力和地位。

唐代还有两位女人因为才情而名垂史册，一个是李冶，另一个是薛涛，她们和鱼玄机的命运非常相似。才气和天赋并没有给她们带来人生幸福，反而带给她们心灵的煎熬和人生的坎坷磨难。

李冶，字季兰，天生聪慧，美貌异常，五岁即能作诗。据闻其五岁时，曾在庭院里作诗咏蔷薇："经时未架却，心绪乱纵横。"早年入道观成为女冠，因美貌和诗名成为女冠中的风云人物，暮年被召入宫中。李冶不凡的才气引得一些公侯相将争相叩门，以和她笺诗相赠为荣。兴元年间，将领朱泚因叛乱被满门抄斩，株连九族。而李冶因曾经上诗给朱泚，引来杀身之祸，被德宗治罪处死。

薛涛，字洪度，祖籍长安，出生于成都。薛涛八岁时父亲指着梧桐咏曰："庭除一梧桐，耸干入云中。"薛涛则应声和道："枝迎南北鸟，叶送往来风。"等到及笄之年，她已辩慧知诗，兼擅书法，才貌超群。但因与母亲生活无靠，只得加入乐籍，成为官妓。

后来为剑南西川节度使韦皋赏识，两人颇有私交，韦皋甚至准备奏请朝廷任命薛涛为"校书郎"。晚年移居成都，遁入空门，做了一名女冠。孤鸾一世终身未嫁，于大和六年（832）去世，葬在锦江之滨。

她们都少年聪慧，美貌似花，且命运多舛，都曾以道观为身心寄托之处，且有许多风流韵事。一方面广交天下文人才俊，另一方面敏感脆弱，时时身处飘零无依的境地，可谓一半是海水，一半是火焰。所以，李冶抚琴低唱《相思怨》："人道海水深，不抵相思半。海水尚有涯，相思渺无畔。"薛涛红笺飞书《咏柳絮》："二月杨花轻复微，春风摇荡惹人衣。他家本是无情物，一任南飞又北飞。"李冶和薛涛都无法掌控命运的残局，她们能看透却无力承担，她们能超脱却无法远离。当然，鱼玄机也不例外。

鱼玄机生于那个女子为男子附庸或玩物的时代。她所要的，不是那个时代能给她的，不是她所遇到的人能给她的。鱼玄机仅活了二十五岁，爱情成了她生命的主题。由于上天的捉弄、社会的黑暗、人心的险恶，她的爱情成了一纸空文。诗与爱是某种人生的行为艺术。古今中外，没有谁比鱼玄机把这种艺术做得更彻底，更绝望，更洒脱。从某种意义上讲，鱼玄机和她的诗已为女性意识的觉醒代言。

在一千多年后，人们其实对鱼玄机仍然有着深刻的误读和激烈争议。可见，在唐朝的女诗人中，鱼玄机是多么引人注目！"五四"新文化运动之后，一些深受西学东渐影响的学者开始注意到鱼玄机诗中那些超越了她所处时代的声音。拭去历史岁月的尘埃，他们从鱼玄机的诗中读出了某些人性的苏醒。在大唐时代的这位才女诗人身上有着某种先知般的光亮。

谭正璧在《中国女性文学史话》中说："'自能窥宋玉，何必恨王昌'这是何等大胆而又爽快的主张啊！'易求无价宝，难得有心郎'，从她口中说出来，要愧杀一切意志游移、爱情不专的薄幸男性了。"学者卢楚娉在《女冠诗人鱼玄机》中大胆地指出，鱼玄机是中国封建社会唯一的"一个勇敢地和环境奋斗，溃决藩篱，仰头天外，不怕一切地讥诮怒骂，去享受现实的应该有的幸福生活"的女性。学者赵景深在《女诗人鱼玄机》一文的最后写道："像这样才华横溢的诗人，被无情的旧社会、旧礼法夺去了生命，每当思及此，我们都不禁为鱼玄机一抹同情之泪。"

鱼玄机的诗不但是"风月赏玩之佳句，往往播于士林"，而且她那些女性特有的、符合女性价值标准和审美取向的思考和话语，同样能在男性话语中有一席之地。美国汉学家宇文所安在其所著《晚唐诗》中说："现代以前，女性的声音通常没有太大的性别色彩，或者习惯于按照男权社会中赋予他们的传统角色发出声音，我们极少发现敢于挑战性别歧视的女性的声音。……而鱼玄机，是唐代女诗人中别具特色的一个。"

万花筒，照大千

在一些艺术作品中，鱼玄机也是人们关注的热点。她的故事出现在小说、戏剧、电影等多种艺术形式中。

在明代，叶宪祖将她的故事写入戏剧《鸾鎞记》中。该剧通过赵文姝与杜羔、鱼玄机与温庭筠两条情感线索，讲述了一个才子佳人的故事。唐末秀才杜羔、温庭筠、贾岛为同年好友。杜羔以碧玉鸾鎞一对，与当时的才女赵文姝订下婚约。正值权相令狐绹为故友李亿补阙纳妾，差人强聘赵文姝。文姝的义妹鱼蕙兰以身相替，解其危难。临行前文姝将其中一支鸾镜赠予鱼蕙兰。蕙兰至李府，李亿急病暴亡，蕙兰遂出家为咸宜观女道士，号玄机。丞相令狐绹欲请温庭筠替其儿子科场代笔，遭到拒绝。杜、温、贾三人相约赴京应试，路遇谗佞小人胡谈，温庭筠出诗讥笑其谄媚权贵。令狐绹恼羞成怒，不许三人及第。贾岛愤而剃度为僧，杜羔受赵文姝诗激而游学他乡，温庭筠则羁留京师耽乐交游。此时鱼玄机诗才横溢，名满京都，士人纷纷与其唱和。温庭筠赠诗与玄机，得到酬答一首和鸾镜一支，二人情投意合。后贾岛经韩愈鼓励弃禅赴试，并与温、杜会合，三人同时举进士。

《鸾镜记》对舍身救友、颇有侠女风范的鱼玄机深加赞许。更重要的是，作者最后居然让鱼玄机和温庭筠在一起了，而她的前夫李亿则在剧中暴病身亡。这不能不说是后世文人对鱼玄机的同情和推许，对李亿凉薄无情的痛恨。

荷兰汉学家高罗佩在《大唐狄公案》系列小说《黑狐狸》中的女诗人玉兰，就是以鱼玄机为原型的。玉兰在翠玉崖古亭柱上写的诗就是鱼玄机所作。玉兰在白鹭观鞭笞侍婢至死并将其埋于庭前一株马樱花下。显然高罗佩借用此事写作多半是因为鱼玄机妒杀婢女事件本身的悬疑性。

日本作家森鸥外也创作了一篇以鱼玄机为主人公的短篇小说。森鸥外是活跃于日本明治、大正时代的一位文学巨匠。他根据唐人笔记资料创作的短篇小说《鱼玄机》，发表于1915年7月的综合杂志《中央公论》上。这篇小说情节丰富完整，有意识地表现了当时日本社会中女性解放运动所提倡的"性觉醒"这一观念，借鱼玄机来反映时代背景下活跃着的"新女性"形象。小说对鱼玄机的相貌、才气、出身进行了交代。还虚构了一些情节，与乐人陈某的邂逅，性意识的觉醒等也刻画得惟妙惟肖，完整而生动地讲述了鱼玄机传奇的一生。作品中还穿插了对鱼玄机诗作的评价。

令人称奇的是鱼玄机还出现在当代才子作家王小波的小说《寻找无双》里。

在这部充满调侃和反讽意味的现代小说里，鱼玄机没有那么多高大上的优雅情怀，没有诗和远方，有的是恶毒而诱人的笑。倾国倾城外貌之下，她内心有着噬骨的悲凉和对尘世痛苦的麻木。一枝邪恶的罂粟花冷漠地在世间开放。

他写鱼玄机上刑场时是这样的："鱼玄机上刑场却不是这样。那辆车是一队白羊拉的小四轮车，车上铺了一块鲜红的猩猩毡。鱼玄机斜躺在毡上，衣着如前所述，披散着万缕青丝，一手托腮，嘴角叼了一朵山茶花，一副若有所思的模样。脸上虽然没有血色，却更显得人如粉雕玉琢，楚楚可怜。鱼玄机上法场时就是这个模样。"这个样子的鱼玄机倒有点吉卜赛女郎的味道。

临刑时，鱼玄机一袭白衣，简直倾倒了芸芸众生："那一天她穿着白缎子的褒衣，拦腰束一条红色的丝绦，简直妩媚之极。"那些看客眼中的鱼玄机还是这样的："鱼玄机的手十指纤长，指甲涂丹；长发委地，光可鉴人，十分好看。"

后来，"鱼玄机走上台子，用手向后撩起头发，让刽子手往她脖子上系绞索。那时候她还笑着对刽子手说：'待会儿可别太使劲了。我的脖子是很细的哟！'……有一个文书走上前去，问道：'鱼玄机，你有什么遗言吗？'后来人们传说道，鱼玄机在死前吟诗道：'易求无价宝，难得有情郎。'其实不是这样。鱼玄机说的是：'很难受呀。就不能一次解决吗？'那个文书耸耸肩膀走开了。然后鼓声又响了，又绞了她一次。这一回她咳嗽了很久。"在刽子手职业式的绞刑操作下，她最后留给人世间的只是一句恶毒的咒骂，颇有些后现代的解构意味。

王小波在小说里写道："总而言之，鱼玄机本身就是个凄婉的梦，充满了色情和暴力"，"在酉阳坊里，王仙客经常梦见鱼玄机，梦见她坐在号子里中间那一小片阳光晒到的地方。这时候他不再觉得鱼玄机也是一个梦，而是和回忆一样的东西；或者说，对他来说，梦和回忆已经密不可分。"

鱼玄机就像一个充满诱惑的香艳意象。小说中的王仙客对鱼玄机的态度，也是那些刑场看客们的态度。其实，更是鱼玄机身边的那些男性对她的共同态度：李亿、左名场、李近仁、刘潼、李郢、温庭筠，包括那个乐师陈韪。始乱终弃者有之，意图染指者有之，意欲占有者有之，私心爱慕者有之。最终，当这个女性在绝望中死去，作为当事者的他们都纷纷转过身去，不曾为她说过一句话，留下一个字。

在小说《寻找无双》中，可以发现鱼玄机的一缕香魂还残留在现代中国文人的历史记忆里。当然，一并记住的有她那一大把水草一样茂盛而动人的长发，还有她面对形形色色暴力时流露出的香甜而卑微的笑容，这些令人不禁想起鱼玄机的那句残诗："殷勤不得语，红泪一双流。"不过，最令人震撼的是小说中鱼玄机对于人生和死亡表现出的麻木而决绝的态度："鱼玄机却兴高采烈，说道：'再过一会儿就要死了。可真不容易呀。'还说，活在世界上当一个人，实在倒霉得很。"

凡此种种，都让人深为王小波敏锐精准的历史观察和冷峻思考而惊叹。

　　方令正执导的香港电影《唐朝豪放女》是以鱼玄机为主角的影片，于暧昧情爱中演绎一个古代红颜的另类人生。全片第一个镜头是俯瞰视角，一身白衣的鱼玄机走进道观，庄严纯净，陪伴她的是侍女绿翘。这个俯视镜头的开篇，有种说不出来的悲悯感，仿佛是预知了最终结局。电影表现的是时代压抑与个体生命的无奈。比如鱼玄机常说："男人都不相信，一个女人可以过独立的生活，而且还过得那么潇洒。"她最后向绿翘大喊："你是一个女人，你不是一个奴婢！"事实上都是在张扬女性身份与个性的独立自主。影片还有一个令人印象深刻的结尾。当鱼玄机被押上刑场后，情人崔伯侯冲破重重关卡闯入法场劫救，可是鱼玄机却并不为之所动。她漠然地说："你喜欢来就来，走就走，为什么不问我想怎样？"崔伯侯迷惑不解："那你想怎样？"鱼玄机却答道："我不走！"那一刻，崔伯侯茫然长叹一声。他不甘心地最后问道："玄机，你为什么不走？"鱼玄机望着远方叹了口气："我走过很多女人都走的路，不愿意再走了。"是的，风华绝代的鱼玄机累了，心中彻底放下了人世间的一切，包括爱情和生命。她去意已决，心如死灰。此时，鱼玄机的决意求死成为一种大彻大悟。这一刻，这部通俗爱情故事片开始有了某种打动人心的穿透力，接近于历史人生的真实。

　　而现代女诗人翟永明历来主张女性独立的权利。她读懂了鱼玄机的诗篇和悲剧命运对于女性的意义，为鱼玄机一口气写了五首诗。

　　她为鱼玄机女性意识的觉醒而兴奋不已：

　　鱼玄机　她像男人一样写作

像男人一样交游

无病时　也高卧在床

懒梳妆　树下奔突的高烧

是毁人的力量　暂时

无人知道　她半夜起来梳头

把诗书读遍

既然能够看到年轻男子的笑脸

哪能在乎老年男人的身体？

又何必写怨诗？

——《何必写怨诗》

她肯定鱼玄机的过往：

多么年轻呵

她赋得江边柳　却赋不得男人心

比起那些躺在女子祠堂里的妇女

她的心一片桃红

这里躺着鱼玄机　她生性傲慢

活该她倒霉　想想别的那些女诗人

她们为自己留下足够的分析资料

她们才不会理睬什么皇甫枚

那些风流　那些多情的颜色

把她的道袍变成了万花筒

多好呵

——《关于鱼玄机之死的分析报告》

她为鱼玄机的悲剧命运深感不平：

公元 868 年

鱼玄机　身穿枷衣

被送上刑场　躺在血泊中

鲜花钩住了她的人头

很多古代女人身穿枷衣

飘满天空　串起来

可以成为白色风筝　她们升不上天

鱼玄机　身穿道袍　诗文候教

十二著文章　十六为人妾

二十入道观　二十五

她毙命于黄泉

——《一条鱼和另一条鱼的玄机无人知道》

……

此外，鱼玄机艰难曲折的人生经历还被无数次搬上了现代戏剧的舞台，几乎各个剧种都有。

2011 年，贵州京剧团编排了《鱼玄机》，鱼玄机由曾经获得过中国戏剧"梅花奖"的名角、贵州京剧院院长侯丹梅扮演。这部京剧堪称是一首爱的悼亡诗。在繁华渐逝的晚唐，一个女性至美至纯的生命凋零了。年轻的鱼玄机初嫁李亿为妾，两人情投意合，不料李亿迫于妻家压力，竟让她遁入空门。鱼玄机翘首苦等三年，却在李亿到平康里买笑时，与他不期而遇……鱼玄机幻梦破灭，心灰意冷。此时，乐师陈韪向鱼玄机表达倾慕之意，令她再度燃起爱的希望。谁知口口声声"偕老白头"的陈韪，竟与侍女绿翘偷情，鱼玄机再一次遭背叛。盛怒之下，鱼玄机失手误杀绿翘。等待她的是大唐律的审问。在生命最后的阶段，鱼玄机以自己的方式骄傲、冷峻地嘲讽了那些缺乏温情的人心，嘲讽了那个不容真情的世界。

侯丹梅将一开始憧憬幸福的初婚女子到最后挣扎在断头台上的绝情妇人演绎得淋漓尽致。她的六场戏场场都上场。侯丹梅这样表达自己的表演感受："这是近几年我排的戏里最难的一部，唱腔和板式难度都很大。而且，这部剧故事十分感人，每次唱到动情处，我常常需要控制自己的情绪，因为一旦想流泪，就会影响演唱。既要将情绪传达给观众，又要控制自己，这个'度'很难把握。"可见，鱼玄机的不幸身世和独特个性具有一种打动人心的力量。

福建京剧团也编排了《才女鱼玄机》一剧。讲述的是年少便已颇负诗名的鱼幼微，满怀期盼等待恋人李亿回乡正式迎娶她，哪知最后等来的却是要被其妻裴氏扫地出门的消息。深爱李亿的她听信了李亿的信誓旦旦，只身寄居咸宜观。又是三年的苦等苦盼，最终老师温庭筠却证实了李亿早已携妻赴任离她而去的消息。极度伤心的鱼幼微就此蜕变，以道号玄机自诩，大张"诗文候教"的艳帜，醉生梦死。相貌酷似李亿的琴师陈韪，虽让她心神恍惚，但始终难以倾心。贴身奴婢绿翘的背叛，终于使得痴情的她走向悲剧的深渊……

　　同一个鱼玄机，变身为小说鱼玄机、影视鱼玄机、诗歌鱼玄机、戏剧鱼玄机，如同万花筒一般，照见了人世间的大千百态，历史的风云变迁。

关于鱼玄机的史实资料

　　作为唐朝最著名的女诗人之一，但正史中对鱼玄机并无片纸只字记载。她的生平传记资料散见于晚唐皇甫枚《三水小牍》、五代宋初孙光宪《北梦琐言》、元代辛文房《唐才子传》等书，这些成为历代对鱼玄机生平的考证基本依据。另外《太平广记》《直斋书录解题》和《全唐诗》等书中还存留有一些相关的断章短句。无论是正史还是野志，对鱼玄机之记载均甚少，仅有的记载中提到的鱼玄机嫁为李亿妾及其入咸宜观的时间也不相同。故于其之研究多在其诗。

唐皇甫枚《三水小牍》

西京咸宜观女道士鱼玄机，字幼微，长安里家女也。色既倾国，思乃入神。喜读书属文，尤致意于一吟一咏。破瓜之岁，志慕清虚。咸通初，遂从冠帔于咸宜，而风月赏玩之佳句，往往播于士林。然蕙兰弱质，不能自持，复为豪侠所调，乃从游处焉。于是风流之士争修饰以求狎，或载酒诣之者，必鸣琴赋诗，间以谑浪，懵学辈自视缺然。其诗有"绮陌春望远，瑶徽秋兴多"，又"殷勤不得语，红泪一双流"，又"焚香登玉坛，端简礼金阙"，又云："多情自郁争因梦，仙貌长芳又胜花。"此数联为绝矣。

一女僮曰绿翘，亦特明慧有色。忽一日，机为邻院所邀，将行，诫翘曰："无出。若有熟客，但云在某处。"机为女伴所留，迨暮方归院，绿翘迎门曰："适某客来，知炼师不在，不舍辔而去矣。"客乃机素相昵者，意翘与之狎。及夜，张灯扃户，乃命翘入卧内。讯之，翘曰："自执巾盥数年，实自检御，不令有似是之过，致忤尊意。且某客至，款扉，翘隔阖报云：'炼师不在。'客无言，策马而去，若云情爱，不蓄于胸襟有年矣，幸炼师无疑。"机愈怒，裸而笞百数，但言无之。既委顿，请杯水酹地曰："炼师欲求三清长生之道，而未能忘解佩荐枕之欢。反以沉猜，厚诬贞正，翘今必死于毒手矣。无天则无所诉；若有，谁能抑我强魂？誓不蠢蠢于冥莫之中，纵尔淫佚！"言讫，绝于地。机恐，乃坎后庭瘗之，自谓人无知者。时咸通戊子春正月也。有问翘者，则曰："春雨霁，逃矣。"

客有宴于机室者，因溲于后庭，当瘗上，见青蝇数十集于地，驱去复来。详视之，如有血痕，且腥。客既出，窃语其仆。仆归，复语其兄。其兄为府街卒，尝求金于机，机不顾，卒深衔之。闻此，遽至观门觇伺，见偶语者，乃讦不睹绿翘之出入。街卒复呼数卒，携锸共突入玄机院发之，而绿翘貌如生。卒遂录玄机京兆府，吏诘之，辞伏，而朝士多为言者。府乃表列上，至秋，竟戮之。在狱中亦有诗曰："易求无价宝，难得有心郎。明月照幽隙，清风开短襟。"此其美者也。

（据《三水小牍》"赵知微雨夕登天柱峰玩月"条载："九华山道士赵知微，乃皇甫玄真之师。少有凌云之志，入兹山，结庐于凤凰岭前。讽颂道书，炼志幽寂。蕙兰以为服，松柏以为粮。隐迹数十年，遂臻玄牝，由是好奇之士多从之。玄真既申弟子礼，服勤执敬，亦十五年。至咸通辛卯岁，知微以山中炼丹须西土药者，乃使玄真来京师，寓于玉芝观之上清院。皇甫枚时居兰陵里第，日与相从……"可见，当时皇甫枚居住在长安兰陵里，与玄机出家的咸宜观所在的亲仁坊仅四坊之隔。二人又为同时代人，照理皇甫枚所记玄机妒杀婢女一事应最接近史实。）

元文辛房《唐才子传》

玄机，长安人，女道士也。性聪慧，好读书，尤工韵调，情致繁缛。咸通中及笄，为李亿补阙侍宠。夫人妒，不能容，亿遣隶咸宜观披戴。有怨李诗云："易求无价宝，难得有心郎。"与李郢端公同巷，居止接近，诗简往反。复与温庭筠交游，有相寄篇什。尝登崇真观南楼，睹新进士题名，赋诗曰："云峰满目放春晴，历历银钩指下生。自恨罗衣掩诗句，举头空羡榜中名。"观其志意激切，使为一男子，必有用之才，作者颇赏怜之。时京师诸宫宇女郎，皆清俊济楚，簪星曳月，惟以吟咏自遣，玄机杰出，多见酬酢云。有诗集一卷，今传。

宋孙光宪《北梦琐言》

唐女道鱼玄机，字蕙兰，甚有才思。咸通中，为李亿补阙执箕帚。后爱衰，下山隶咸宜观为女道士。有怨李公诗曰："易求无价宝，难得有心郎。"又云："蕙兰销歇归春浦，杨柳东西伴客舟。"自是纵怀，乃娼妇也。竟以杀侍婢为京兆尹温璋杀之。有集行于世。

明徐献忠《唐诗品》

玄机形气幽柔，心惊流散，其于子安，情寄已甚。而《感怀》《期友》及《迎李近仁员外》诸作，持思翩翩，尚有馀恨，虽桑间濮上，何复自殊？其诗婉茜悲凄，有风人之调。女郎间求之，则兰英绮密，左芬充腴，生与同时，亦非廊庑间客也。

《全唐诗》所收鱼玄机诗作

鱼玄机有《鱼玄机集》一卷，诗作现存有五十首之多，

《全唐诗》有收录。

赋得江边柳（一作临江树）

翠色连荒岸，烟姿入远楼。

影铺秋水面，花落钓人头。

根老藏鱼窟，枝低系客舟。

萧萧风雨夜，惊梦复添愁。

赠邻女（一作寄李亿员外）

羞日遮罗袖，愁春懒起妆。

易求无价宝，难得有心郎。

枕上潜垂泪，花间暗断肠。

自能窥宋玉，何必恨王昌。

寄国香

旦夕醉吟身，相思又此春。

雨中寄书使，窗下断肠人。

山卷珠帘看，愁随芳草新。

别来清宴上，几度落梁尘。

寄题炼师

霞彩剪为衣，添香出绣帏。

芙蓉花叶□，山水帔□稀。

驻履闻莺语，开笼放鹤飞。

高堂春睡觉，暮雨正霏霏。

寄刘尚书

八座镇雄军，歌谣满路新。

汾川三月雨，晋水百花春。

图圄长空锁，干戈久覆尘。

儒僧观子夜，羁客醉红茵。

笔砚行随手，诗书坐绕身。

小材多顾盼，得作食鱼人。

浣纱庙

吴越相谋计策多，浣纱神女已相和。

一双笑靥才回面，十万精兵尽倒戈。

范蠡功成身隐遁，伍胥谏死国消磨。

只今诸暨长江畔，空有青山号苎萝。

卖残牡丹

临风兴叹落花频，芳意潜消又一春。

应为价高人不问，却缘香甚蝶难亲。

红英只称生宫里，翠叶那堪染路尘。

及至移根上林苑，王孙方恨买无因。

酬李学士寄簟

珍簟新铺翡翠楼，泓澄玉水记方流。

唯应云扇情相似，同向银床恨早秋。

情书（一作书情寄李子安）

饮冰食檗志无功，晋水壶关在梦中。

秦镜欲分愁堕鹊，舜琴将弄怨飞鸿。

井边桐叶鸣秋雨，窗下银灯暗晓风。

书信茫茫何处问，持竿尽日碧江空。

闺怨

蘼芜盈手泣斜晖，闻道邻家夫婿归。

别日南鸿才北去，今朝北雁又南飞。

春来秋去相思在，秋去春来信息稀。

扃闭朱门人不到，砧声何事透罗帏。

春情寄子安

山路欹斜石磴危，不愁行苦苦相思。

冰销远涧怜清韵，雪远寒峰想玉姿。

莫听凡歌春病酒，休招闲客夜贪棋。

如松匪石盟长在，比翼连襟会肯迟。

虽恨独行冬尽日，终期相见月圆时。

别君何物堪持赠，泪落晴光一首诗。

打球作

坚圆净滑一星流，月杖争敲未拟休。

无滞碍时从拨弄，有遮栏处任钩留。

不辞宛转长随手，却恐相将不到头。

毕竟入门应始了，愿君争取最前筹。

暮春有感寄友人

莺语惊残梦，轻妆改泪容。

竹阴初月薄，江静晚烟浓。

湿嘴衔泥燕，香须采蕊蜂。

独怜无限思，吟罢亚枝松。

冬夜寄温飞卿

苦思搜诗灯下吟，不眠长夜怕寒衾。

满庭木叶愁风起，透幌纱窗惜月沉。

疏散未闲终遂愿，盛衰空见本来心。

幽栖莫定梧桐处，暮雀啾啾空绕林。

酬李郢夏日钓鱼回见示

住处虽同巷，经年不一过。

清词劝旧女，香桂折新柯。

道性欺冰雪，禅心笑绮罗。

迹登霄汉上，无路接烟波。

次韵西邻新居兼乞酒

一首诗来百度吟，新情字字又声金。

西看已有登垣意，远望能无化石心。

河汉期赊空极目，潇湘梦断罢调琴。

况逢寒节添乡思，叔夜佳醪莫独斟。

和友人次韵

何事能销旅馆愁，红笺开处见银钩。

蓬山雨洒千峰小，嶰谷风吹万叶秋。

字字朝看轻碧玉，篇篇夜诵在衾裯。

欲将香匣收藏却，且惜时吟在手头。

和新及第悼亡诗二首

其一

仙籍人间不久留，片时已过十经秋。

鸳鸯帐下香犹暖，鹦鹉笼中语未休。

朝露缀花如脸恨，晚风欹柳似眉愁。

彩云一去无消息，潘岳多情欲白头。

其二

一枝月桂和烟秀，万树江桃带雨红。

且醉尊前休怅望，古来悲乐与今同。

游崇真观南楼，睹新及第题名处

云峰满目放春晴，历历银钩指下生。

自恨罗衣掩诗句，举头空羡榜中名。

愁思

落叶纷纷暮雨和，朱丝独抚自清歌。

放情休恨无心友，养性空抛苦海波。

长者车音门外有，道家书卷枕前多。

布衣终作云霄客，绿水青山时一过。

秋怨

自叹多情是足愁，况当风月满庭秋。

洞房偏与更声近，夜夜灯前欲白头。

江行

大江横抱武昌斜，鹦鹉洲前户万家。

画舸春眠朝未足，梦为蝴蝶也寻花。

烟花已入鸬鹚港，画舸犹沿鹦鹉洲。

醉卧醒吟都不觉，今朝惊在汉江头。

闻李端公垂钓回寄赠

无限荷香染暑衣，阮郎何处弄船归。

自惭不及鸳鸯侣，犹得双双近钓矶。

题任处士创资福寺

幽人创奇境，游客驻行程。

粉壁空留字，莲宫未有名。

凿池泉自出，开径草重生。

百尺金轮阁，当川豁眼明。

题隐雾亭

春花秋月入诗篇，白日清宵是散仙。

空卷珠帘不曾下，长移一榻对山眠。

重阳阻雨

满庭黄菊篱边拆，两朵芙蓉镜里开。

落帽台前风雨阻，不知何处醉金杯。

早秋

嫩菊含新彩，远山闲夕烟。

凉风惊绿树，清韵入朱弦。

思妇机中锦，征人塞外天。

雁飞鱼在水，书信若为传。

感怀寄人

恨寄朱弦上，含情意不任。

早知云雨会，未起蕙兰心。

灼灼桃兼李，无妨国士寻。

苍苍松与桂，仍羡世人钦。

月色苔阶净，歌声竹院深。

门前红叶地，不扫待知音。

期友人阻雨不至

雁鱼空有信，鸡黍恨无期。

闭户方笼月，褰帘已散丝。

近泉鸣砌畔，远浪涨江湄。

乡思悲秋客，愁吟五字诗。

访赵炼师不遇

何处同仙侣，青衣独在家。

暖炉留煮药，邻院为煎茶。

画壁灯光暗，幡竿日影斜。

殷勤重回首，墙外数枝花。

遣怀

闲散身无事，风光独自游。

断云江上月，解缆海中舟。

琴弄萧梁寺，诗吟庾亮楼。

丛篁堪作伴，片石好为俦。

燕雀徒为贵，金银志不求。

满杯春酒绿，对月夜窗幽。

绕砌澄清沼，抽簪映细流。

卧床书册遍，半醉起梳头。

寄飞卿

阶砌乱蛩鸣，庭柯烟露清。

月中邻乐响，楼上远山明。

珍簟凉风著，瑶琴寄恨生。

嵇君懒书札，底物慰秋情。

过鄂州

柳拂兰桡花满枝，石城城下暮帆迟。

折牌峰上三闾墓，远火山头五马旗。

白雪调高题旧寺，阳春歌在换新词。

莫愁魂逐清江去，空使行人万首诗。

夏日山居

移得仙居此地来，花丛自遍不曾栽。

庭前亚树张衣桁，坐上新泉泛酒杯。

轩槛暗传深竹径，绮罗长拥乱书堆。

闲乘画舫吟明月，信任轻风吹却回。

暮春即事

深巷穷门少侣俦，阮郎唯有梦中留。

香飘罗绮谁家席，风送歌声何处楼。

街近鼓鼙喧晓睡，庭闲鹊语乱春愁。

安能追逐人间事，万里身同不系舟。

代人悼亡

曾睹夭桃想玉姿，带风杨柳认蛾眉。

珠归龙窟知谁见，镜在鸾台话向谁。

从此梦悲烟雨夜，不堪吟苦寂寥时。

西山日落东山月，恨想无因有了期。

和人

茫茫九陌无知己，暮去朝来典绣衣。

宝匣镜昏蝉鬓乱，博山炉暖麝烟微。

多情公子春留句，少思文君昼掩扉。

莫惜羊车频列载，柳丝梅绽正芳菲。

隔汉江寄子安

江南江北愁望，相思相忆空吟。

鸳鸯暖卧沙浦，鸂鶒闲飞橘林。

烟里歌声隐隐，渡头月色沉沉。

含情咫尺千里，况听家家远砧。

寓言

红桃处处春色，碧柳家家月明。

楼上新妆待夜，闺中独坐含情。

芙蓉月下鱼戏，螮蛛天边雀声。

人世悲欢一梦，如何得作双成？

江陵愁望寄子安

枫叶千枝复万枝，江桥掩映暮帆迟。

忆君心似西江水，日夜东流无歇时。

寄子安

醉别千卮不浣愁，离肠百结解无由。

蕙兰销歇归春圃，杨柳东西绊客舟。

聚散已悲云不定，恩情须学水长流。

有花时节知难遇，未肯厌厌醉玉楼。

送别

秦楼几夜惬心期，不料仙郎有别离。

睡觉莫言云去处，残灯一盏野蛾飞。

迎李近仁员外

今日喜时闻喜鹊，昨宵灯下拜灯花。

焚香出户迎潘岳，不羡牵牛织女家。

送别

水柔逐器知难定，云出无心肯再归。

惆怅春风楚江暮，鸳鸯一只失群飞。

左名场自泽州至京使人传语

闲居作赋几年愁，王屋山前是旧游。

诗咏东西千嶂乱，马随南北一泉流。

曾陪雨夜同欢席，别后花时独上楼。

忽喜扣门传语至，为怜邻巷小房幽。

相如琴罢朱弦断，双燕巢分白露秋。

莫倦蓬门时一访，每春忙在曲江头。

和人次韵

喧喧朱紫杂人寰，独自清吟日色间。

何事玉郎搜藻思，忽将琼韵扣柴关。

白花发咏惭称谢，僻巷深居谬学颜。

不用多情欲相见，松萝高处是前山。

光、威、哀姊妹三人少孤而始妍乃有是作……因次其韵

昔闻南国容华少，今日东邻姊妹三。

妆阁相看鹦鹉赋，碧窗应绣凤凰衫。

红芳满院参差折，绿醑盈杯次第衔。

恐向瑶池曾作女，谪来尘世未为男。

文姬有貌终堪比，西子无言我更惭。

一曲艳歌琴杳杳，四弦轻拨语喃喃。

当台竞斗青丝发，对月争夸白玉簪。

小有洞中松露滴，大罗天上柳烟含。

但能为雨心长在，不怕吹箫事未谙。

阿母几嗔花下语，潘郎曾向梦中参。

暂持清句魂犹断，若睹红颜死亦甘。

怅望佳人何处在，行云归北又归南。

折杨柳

朝朝送别泣花钿，折尽春风杨柳烟。

愿得西山无树木，免教人作泪悬悬。

句

焚香登玉坛，端简礼金阙。

明月照幽隙，清风开短襟。

绮陌春望远，瑶徽春兴多。

殷勤不得语，红泪一双流。

云情自郁争同梦，仙貌长芳又胜花。

现代人对鱼玄机的感悟

公元 2006 年某日，有位叫作翟永明的女诗人为鱼玄机一口气写了五首诗：

鱼玄机赋

一、一条鱼和另一条鱼的玄机无人知道

这是关于被杀和杀人的故事

公元 868 年

鱼玄机　身穿枷衣

被送上刑场　躺在血泊中

鲜花钩住了她的人头

很多古代女人身穿枷衣

飘满天空　串起来

可以成为白色风筝　她们升不上天

鱼玄机身穿道袍　诗文候教

十二著文章　十六为人妾

二十入道观　二十五

她毙命于黄泉

许多守候在屏幕旁的眼睛

盯住荡妇的目录

那些快速移动的指甲

剥夺了她们的姓

她们的名字　落下来

成为键盘手的即兴弹奏

根老了　鱼群藏匿至它的洞窟

鱼玄机　想要上天入地

手指如钩　搅乱了老树的倒影

一网打尽的　不仅仅是四面八方

围拢来的眼睛　还有史书的笔墨

道学家们的资料

九月　黄色衣衫飘然阶前

她赋诗一首　她的老师看出不祥

岁月固然青葱但如此无力

花朵有时痛楚却强烈如焚

春雨放晴　就是她们的死期

"朝士多为言"　那也无济于事

鱼玄机着白衣　绿翘穿红衣

手起刀落　她们的鱼鳞

褪下来　成为漫天大雪

屏幕前守候的金属眼睛

看不见雪花的六面晶体

喷吐墨汁的天空

剥夺了她们的颜色

一条鱼和另一条鱼

她们之间的玄机

就这样　永远无人知道

二、何必写怨诗？

这里躺着鱼玄机　她想来想去

决定出家入道　为此

她心中明朗灿烂　又何必写怨诗？

慵懒地躺在卧室中

拂尘干枯地跳来跳去　她可以举起它

乘长风飞到千里之外

寄飞卿、窥宋玉、迎潘岳

访赵炼师或李郢

对弈李近仁　不再忆李亿

又何必写怨诗？

男人们像走马灯

他们是画中人

年轻的丫鬟　有自己主意

年轻的女孩　本该如此

她和她　她们都没有流泪

夜晚本该用来清修

素心灯照不到素心人

鱼玄机　她像男人一样写作

像男人一样交游

无病时也高卧在床

懒梳妆　树下奔突的高烧

是毁人的力量　暂时

无人知道　她半夜起来梳头

把诗书读遍

既然能够看到年轻男子的笑脸

哪能在乎老年男人的身体？

又何必写怨诗？

志不求金银

意不恨王昌

慧不拷绿翘

心如飞花命犯温璋

懒得自己动手　一切由它

人生一股烟　升起便是落下

也罢　短命正如长寿

又何必写怨诗？

三、一支花调寄雁儿落

——为古筝所谱、绿翘的鬼魂演奏

鱼玄机：

蜡烛、薰香、双陆

骰子、骨牌、博戏

如果我是一个男子

三百六十棋路　便能见高低

绿翘：

那就让我们得情于梅花

新桃、红云、一派春天

不去买山而隐

偏要倚寺而居

鱼玄机：

银钩、兔毫、书册

题咏、读诗、酬答

如果我是一个男子

理所当然　风光归我所有

绿翘：

那就让我们得气于烟花

爆竹、一声裂帛　四下欢呼

你为我搜残诗

我为你谱新曲

合：

有心窥宋玉

无意上旌表

所以犯天条

那就迈开凌波步幅

不再逃也不去逃

四、鱼玄机的墓志铭

这里躺着诗人鱼玄机

她生卒皆不逢时

早生早死八百年

写诗　作画　多情

她没有赢得风流薄幸名

却吃了冤枉官司

别人的墓前长满松柏

她的坟上　至今开红花

美女身份遮住了她的才华盖世

望着那些高高在上的圣贤名师

她永不服气

五、关于鱼玄机之死的分析报告

"这里躺着鱼玄机"　当我

在电脑上敲出这样的文字

我并不知道

她生于何地　葬于何处?

作为一个犯罪嫌疑人　她甚至

没有律师　不能翻供

作为一个荡妇　她只能引颈受戮

以正朝纲　视听　民愤等等

这里躺着鱼玄机　她在地下

大哭或者大骂　大悲或者大笑

我们只能猜测　就像皇甫枚

——一个让她出名的家伙

猜测了她和绿翘的对话

当我埋首于一大堆卷宗里

想象公元 868 年　离我们多远

万水千山　还隔着一个又一个伟大的朝代

多么年轻呵

她赋得江边柳　却赋不得男人心

比起那些躺在女子祠堂里的妇女

191

她的心一片桃红

这里躺着鱼玄机　她生性傲慢
活该她倒霉　想想别的那些女诗人
她们为自己留下足够的分析资料
她们才不会理睬什么皇甫枚

那些风流　那些多情的颜色
把她的道袍变成了万花筒
多好呵
如果公元868　变成了公元2005
她也许会从现在直活到八十五
有正当的职业　儿女不缺
她的女性意识　虽备受质疑
但不会让她吃官司　挨杖毙

这里躺着鱼玄机　她在地下
也怨恨着：在唐代
为什么没有高科技？
这些猜测和想象
都不能变为呈堂证供
只是一个业余考据者的分析
在秋天　她必须赴死

这里躺着鱼玄机　想起这些

在地下　她也永不服气

2005/9/10 于意大利 Civitella 艺术中心

翟永明，当代女作家，诗人。1955 年生于四川成都。
已出版有《女人》《在一切玫瑰之上》《翟永明诗集》等诗
集，《纸上建筑》等散文集，《纽约，纽约以西》《白夜谭》
等随笔集。其作品多次被翻译为英、德、日、荷兰等国文字。
被认为是中国当代最优秀的女诗人。

后世还有几首名为《鱼玄机》的流行歌曲。

鱼玄机
词：帅小天

海棠春睡　梅妆惹落花
悠悠一抹斜阳　吹尺八
榻上青丝　泪染了白发
秋心入画

旧日的传奇都作了假
舍得骂名　却舍不得他
缘来冥冥之中　放不下
玄机如卦

红尘一刹那　这一世的繁华

不过由春到夏

由真变作了假　造化终虚化

人间岂能安得　双全法

也许此去经年忘了也罢

只不过是一句了无牵挂

咸宜观诗文候教的风雅

为谁作答

似梦非梦恰似水月镜花

长安不见长把相思念啊

为何我又偏偏遇上了他

咫尺天涯

看春风吹动榆荚留下

我这一缕香魂　落谁家

都说下辈子　青梅竹马

美玉无瑕

红尘一刹那　这一世的繁华

不过由春到夏

由真变作了假　造化终虚化

人间岂能安得　双全法

也许此去经年忘了也罢

只不过是一句了无牵挂

咸宜观诗文候教的风雅

又为谁作答

似梦非梦恰似水月镜花

长安不见长把相思念啊

为何我又偏偏遇上了他

咫尺天涯

似梦非梦恰似水月镜花

长安不见长把相思念啊

为何我又偏偏遇上了他

枉自嗟叹呀

也许冥冥中洗净了铅华

我又是那一块美玉无瑕

易求善价　难得有情啊

如此说法

其实玄机不过这句话　懂吗

鱼玄机

词：不衣（倾歌流音）

我甘等你到白首

明知你不来也喝了孟婆酒

你从不懂我所求

明知我不在意这悠悠众口

我只能作痴痴守

明知你不会留已十个年头

你先走进轮回楼

明知我不罢休更情深不寿

以翠色深浅　显山水清闲

赋春花之篇　记冬至白雪

又新学潋滟　该写进哪阙

只道幼年　不予解

正暮楚时节　有飞絮绵

落至谁琴弦　听一曲秋月

终是无觉　后询问风流

这情思怎了结

是应当时一别　生离不可见

你知我诗中愿　却不敢两全

偏要妄做怀念　付与他人说成全

是景深声悲切　江流东不绝

半支飞笺算缠绵

青灯点 红尘远　断不了世间

有你奉陪的旧年　便只求

一朝风雪没去这万千

正暮楚时节　有飞絮绵

落至谁琴弦　听一曲秋月

终是无觉　后询问风流

这情思怎了结

是应当时一别　生离不可见

你知我诗中愿　却不敢两全

偏要妄做怀念　付与他人说成全

是景深声悲切　江流东不绝

半支飞笺算缠绵

青灯点　红尘远　断不了世间

有你奉陪的旧年　便只求

一朝风雪没去这万千

鱼玄机

曲：许金晶

你沉在过去的梦中　吹不散带不走

问苍穹　千古谁与共

天不言人无踪

相见欢相别情难终　叹诸君意轻薄

一曲吟深愁几句弄　盼余生知音送

古庵青灯　绿苔秋风
小轩旧窗　禅经晚钟

佛说世相虚空　可悲苦仍缠绕我胸
不如赐我一抔黑土　埋葬所有心恸

相见欢相别情难终　叹诸君意轻薄
一曲吟深愁几句弄　盼余生知音送

古庵青灯　绿苔秋风
小轩旧窗　禅经晚钟。

佛说世相虚空　可悲苦仍缠绕我胸
不如赐我一抔黑土　埋葬所有心恸
你沉在过去的梦中　吹不散带不走

参考文献

1. 彭志宪、张燚《鱼玄机诗编年译注》，新疆大学出版社 1994 年版。

2. 彭琼《鱼玄机及其诗歌成就》，安徽大学 2010 年硕士学位论文。

3. 李尊爱《鱼玄机诗歌研究》，新疆师范大学 2009 年硕士学位论文。

4. 贾晋华《重读鱼玄机》，《华文文学》2016 年 1 月。

5. 谭正璧《中国女性文学史》，天津百花文艺出版社 1991 年版。

6. 梁晓云《挣扎，以死亡为脚注——鱼玄机的矛盾世界》，《名作欣赏》2012 年

　　第 29 期。